L'ENTRETIEN CLINIQUE

Les topos

Psychologie sociale et relations intergroupes, A.-E. Azzi, O. Klein
L'identité sociale, L. Baugnet
L'entretien clinique, H. Bénony, K. Chahraoui
Les méthodes d'évaluation de la personnalité, J.-L. Bernaud
Tests et théories de l'intelligence, J.-L. Bernaud
Les représentations sociales, C. Bonardi, N. Roussiau
Introduction à la sociolinguistique, H. Boyer
Psychopathologie de l'enfant, M. Boubli
Psychanalyse et méthodes projectives, C. Chabert
Les psychothérapies de groupe, J.-B. Chapelier
L'observation clinique, A. Ciccone
La psychologie clinique interculturelle, F. Couchard
Éduquer l'intelligence, J.-C. Coulet
L'examen psychologique de l'enfant à la période de latence (6-12 ans), R. Debray
La motivation, F. Fenouillet
Le développement du langage, A. Florin
Introduction à la psychologie du développement (Enfance et adolescence), A. Florin
Qu'est-ce que la schizophrénie ?, N. Georgieff
Les métiers de la psychologie, R. Ghiglione
Psychologie sociale et évaluation, G. Guingouain
L'identité sexuée, G. Le Maner-Idrissi
Psychologie dans le travail et les organisations (Ressources humaines et entreprise), C. Lemoine
Introduction à la psychologie, A. Lieury
Psychologie cognitive de l'éducation, A. Lieury, F. de La Haye
Relations et communication interpersonnelles, E. Marc, D. Picard
Introduction à la psychopathologie, J. Ménéchal
Qu'est-ce que la névrose ?, J. Ménéchal
Histoire de la psychologie, S. Nicolas
La mémoire, S. Nicolas
Les troubles psychiques à l'adolescence, F. Richard
La communication sociale, M.-L. Rouquette
Les émotions, S. Rusinek
Pour introduire la psychologie clinique, E. Schmid-Kitsikis
L'évaluation psychologique des très jeunes enfants (0-6 ans), C. Tourrette
Le développement social de l'enfant (du bébé à l'enfant d'âge scolaire), C. Zaouche-Gaudron

Hervé Bénony
Khadija Chahraoui

L'ENTRETIEN CLINIQUE

DUNOD

Conseiller éditorial pour cet ouvrage : René Kaës

ISBN 2 10 004417 6

Sommaire

Chapitre 7

Entretien, personnalité et intersubjectivité

Chapitre 8

Anamnèse : intérêts, buts et modalités

Chapitre 9

Formation à l'entretien clinique

Avant-propos

L'entretien est utilisé dans un certain nombre de disciplines dans le champ des sciences humaines et sociales : il se révèle un outil indispensable et irremplaçable pour accéder aux informations subjectives des individus, à leur biographie, à leurs représentations personnelles sur tel ou tel problème. Ce qui fonde la spécificité de l'entretien clinique, c'est le terme « clinique » qui renvoie à un champ de pratiques spécifiques qui intéressent le domaine des soins en général ; ainsi l'entretien clinique est-il plus spécifiquement utilisé par les psychologues cliniciens, les psychiatres et les psychothérapeutes. Il peut avoir des objectifs différents : une visée diagnostique, une visée de recherche et/ou une visée thérapeutique. Selon les objectifs, la manière d'aborder l'entretien peut varier mais, quelles que soient ses modalités, un certain nombre de règles techniques restent stables, par exemple le style de conduite de l'entretien (non-directivité et semi-directivité) et l'attitude du clinicien (attitude clinique : respect, neutralité et empathie).

Il existe une diversité d'approches de l'entretien selon les modèles théoriques. Le modèle psychanalytique met l'accent sur les mouvements inconscients, pulsionnels, les résistances et le transfert dans l'entretien. Pour Freud, l'entretien psychanalytique a constitué une véritable méthode d'investigation du fonctionnement psychique en même temps qu'une méthode thérapeutique permettant d'accéder au matériel refoulé, considéré comme pathogène. Toutefois, dans la cure analytique, il ne s'agit pas à proprement parler d'un entretien mais plutôt d'une forme de communication particulière. Le modèle phénoménologique et humaniste propose une approche différente qui peut être considérée comme complémentaire : l'accent y est mis sur « l'ici et le maintenant », sur l'expérience « vécue » du sujet, sur le présent et non sur les conflits infantiles. Du point de vue de la technique, la situation de face-à-face est privilégiée.

L'approche systémique met l'accent sur les phénomènes conscients et interactifs au sein d'un groupe (par exemple familial) et privilégiera en ce sens les entretiens familiaux. Le modèle cognitif étudie quant à lui les représentations connectées au comportement et aux symptômes sur un plan conscient et/ou non conscient.

En psychologie clinique et en psychopathologie, ces différentes approches ne sont pas contradictoires dans la mesure où elles portent sur des niveaux de compréhension et d'intervention différents. D'où l'intérêt de présenter ces différents modèles dans une optique complémentariste et non antagoniste pour permettre à l'étudiant de penser et d'avoir à sa disposition les différents modèles théoriques et d'intervention existants.

Toutefois, quels que soient les dispositifs thérapeutiques et les objectifs de l'entretien, celui-ci mobilise un certain nombre d'attitudes, de mouvements psychiques, d'affects, de représentations, de comportements – tant chez le clinicien que chez le sujet lui-même (identifications, transfert, contre-transfert, empathie, défenses, demandes) – qui sont aussi importants que la conversation elle-même et qui orientent l'entretien, parfois à l'insu des protagonistes.

Par ailleurs, l'âge, la personnalité et la psychopathologie sont des critères importants dans la manière d'aborder les dimensions relationnelles nécessaires au déroulement de l'entretien. Entre le bébé qui fonctionne à partir de ses sensorialités naissantes, la personne sénescente confrontée au deuil, le névrosé et ses conflits intrapsychiques, le psychotique et son délire, le malade somatique et la réalité de son corps, il y a lieu d'ajuster et d'aménager l'approche clinique de l'entretien.

La pratique de l'entretien clinique n'a rien d'évident, elle implique à chaque fois l'acquisition de connaissances nouvelles et un questionnement sur elle-même. Le psychologue, lors de l'entretien clinique, fonctionne avec son propre appareil psychique. Cela implique dans sa pratique régulière un minimum de travail sur soi, d'analyse, de maîtrise de ses propres mouvements psychiques, ce qui pose bien évidemment la question fondamentale de la formation.

Chapitre 1

Définitions

I. L'ENTRETIEN ET SES CHAMPS D'APPLICATION

1. Terminologie

L'*entretien* peut être défini dans un premier temps, ainsi que le propose *Le Petit Robert*, simplement comme l'action d'échanger des paroles avec une ou plusieurs personnes. Entretien est synonyme de conversation, discussion ou dialogue. Ce terme implique donc deux dimensions essentielles : interactive et discursive.

Clinique est à l'origine un terme médical issu du grec *klinè* qui signifie « lit ».

L'*examen clinique en médecine* désigne donc un type d'examen qui, littéralement, est fait « au lit du malade » et se distingue des autres examens médicaux dans le sens où il ne nécessite pas d'appareillage technique et se pratique à mains nues comme le fait d'observer, de palper ou d'ausculter le malade. Selon Jean-Louis Pedinielli (1994), le terme « clinique » dans son sens médical signifiait aussi l'enseignement médical donné au lit du malade ainsi que l'ensemble des connaissances acquises au lit du malade. On a ici une spécificité médicale qui consiste à observer un ensemble de signes pour les regrouper ensuite en syndromes.

L'*entretien clinique utilisé par les psychologues cliniciens* a un sens quelque peu différent : il vise à appréhender et à comprendre le fonctionnement psychologique d'un sujet en se centrant sur son vécu et en mettant l'accent sur la relation. L'entretien clinique fait partie de la méthode clinique et des techniques d'enquête en sciences sociales, il constitue l'un des meilleurs moyens pour accéder aux représentations subjectives du sujet – dans le sens, évidemment, où l'on postule un lien entre le discours et le substrat psychique (Alain Blanchet, 1997). En clinique, l'entretien permet d'obtenir des informations sur la souffrance du sujet, ses difficultés de vie, les événements vécus, son histoire, la manière dont il aménage ses relations avec autrui, sa vie intime, ses rêves, ses fantasmes. Il apparaît donc comme un outil tout à fait irremplaçable et unique si l'on veut comprendre un sujet dans sa spécificité et mettre en évidence le contexte d'apparition de ses difficultés.

La notion d'entretien clinique est très liée aux travaux de Carl Rogers (1966), psychologue humaniste américain particulièrement intéressé par la dynamique de changement de la personnalité et les valeurs humaines. Après avoir travaillé douze années dans un centre de protection de l'enfance en danger, C. Rogers a développé ses propres points de vue en matière de psychothérapie. Ses contributions essentielles portent sur les notions d'*acceptation de l'autre*, de *centration sur le sujet*, d'*empathie*, de *non-directivité* et de *compréhension*. Son idée générale est que, dans le domaine de la clinique, il faut aborder le sujet sans *a priori* théorique : « seul le patient sait où et comment il souffre » ; il faut donc lui faire confiance, l'écouter pleinement dans une attitude compréhensive et respectueuse qui va lui permettre de développer toutes ses possibilités.

La pratique de l'entretien clinique a été également considérablement influencée par d'autres modèles (psychanalytiques, phénoménologiques, psychiatriques, systémiques) que nous développerons au deuxième chapitre.

2. Entretien clinique et psychologie clinique

L'entretien clinique est le paradigme même du travail du psychologue clinicien. Il fait partie de la *méthode clinique*, qui comprend :

– une clinique « à mains nues » (l'observation et l'entretien) ;

– et une clinique instrumentale (tests projectifs, échelles cliniques, etc.).

La méthode clinique est liée à une attitude méthodologique générale qui consiste en l'étude plus ou moins prolongée de cas individuels, l'individu étant considéré comme le cadre de référence. Elle répond à l'objectif principal de la psychologie clinique, à savoir comprendre l'homme dans sa totalité, dans sa singularité, en situation et en évolution (Daniel Lagache, 1949 ; Juliette Favez-Boutonnier, 1968), le sujet étant considéré ici comme un être unique, singulier, n'étant semblable à aucun autre.

L'entretien clinique a donc une place de choix en psychologie clinique ; il vise à recueillir un maximum d'informations sur le sujet, mais ces informations ne peuvent être comprises qu'en référence au sujet lui-même. Par exemple, les difficultés d'un individu ne peuvent prendre sens que si elles sont resituées dans leur cadre de référence : l'histoire personnelle du sujet, son histoire familiale, la manière dont il aménage ses relations avec autrui, sa personnalité, etc.

L'entretien clinique en psychologie clinique se situe généralement dans un contexte :

– d'*aide ou* de *soins psychologiques* ;

– de *diagnostic ou* d'*évaluation psychologique* ;

– ou de *recherche clinique.*

Cette visée de traitement ou de diagnostic distingue l'entretien clinique utilisé en psychologie clinique et l'entretien utilisé dans les enquêtes sociales ou pratiqué dans d'autres disciplines des sciences humaines.

II. DIFFÉRENTS ASPECTS TECHNIQUES DE L'ENTRETIEN

La manière de mener un entretien dépend d'un certain nombre de facteurs :

– des objectifs de l'entretien (visée diagnostique, thérapeutique, de recherche ou d'orientation) ;

– des modèles théoriques et de la formation du clinicien ;

– de la personnalité, de l'âge du sujet et des aspects de l'interaction au cours de l'entretien ;

– de la demande (vient-elle du sujet ? de la famille ? de l'institution ? du chercheur ?) ;

– du moment et des conditions de l'entretien (premier entretien ou suivants, contexte d'hospitalisation ou de consultation externe, contexte de crise ou non, etc.).

Nous pourrions multiplier encore les facteurs susceptibles d'avoir une incidence sur le déroulement d'un entretien ; d'une certaine manière, chaque entretien est unique comme chaque relation ou chaque individu l'est. Toutefois, la manière de mener un entretien clinique ne s'improvise pas ; celui-ci ne s'apparente pas à une conversation ordinaire, il s'agit d'un dialogue asymétrique entre un sujet et un professionnel (le psychologue clinicien, le psychiatre, le médecin ou le conseiller d'orientation). L'entretien est donc lié à la fonction du clinicien, « ce qui suppose une formation, laquelle permet de prendre une certaine position dans le dialogue » (Colette Chiland, 1983).

La manière de mener un entretien s'appuie sur des règles techniques (*non-directivité, semi-directivité*) et sur une certaine attitude (*attitude clinique*) adoptée par le psychologue clinicien : on peut dire que les aspects techniques (non-directivité ou semi-directivité) et l'attitude clinique du clinicien représentent les aspects les plus stables de l'entretien clinique, et cela quelles que soient les modalités et les conditions de l'entretien.

1. Conduite de l'entretien clinique

• Types d'entretien

Entretien non directif

C'est un type d'entretien centré sur la personne au cours duquel, comme son nom l'indique, ce n'est pas le clinicien qui oriente le discours du patient, mais le patient ou le sujet qui parle librement de lui-même en contrôlant et en menant son discours comme il l'entend. Le clinicien pose une question, donne une consigne ou bien circonscrit un thème puis s'efface pour laisser parler le sujet. Celui-ci peut déborder largement par rapport au thème proposé, il peut évoquer ses problèmes de santé, ses souvenirs d'enfance, sa vie familiale, ses problèmes professionnels, et ce sont justement ces associations libres qui intéressent le clinicien qui évite donc de l'interrompre. Le clinicien respecte les moments de silence, les arrêts, les discontinuités, les associations ; « ce qui est important c'est que le sujet dise ce qu'il a à dire, ce qu'il veut dire et ce qu'il peut dire » (C. Chiland, *op. cit.*).

Le clinicien se contente d'effectuer des relances, de signifier des approbations dans une attitude respectueuse, compréhensive et empathique. Les relances peuvent prendre différentes formes : hochements de tête, acquiescements, reformulation du dernier mot, de la dernière phrase du sujet, de la pensée ou de l'idée du sujet. Même si ces relances visent initialement un maximum de neutralité de la part du clinicien, elles ont malgré tout une influence sur le discours produit par le sujet (A. Blanchet et coll., 1990). Nous verrons quelques aspects de cette influence un peu plus loin.

Le clinicien pourra analyser ce type d'entretien en fonction du *contenu manifeste* (ce que dit le sujet) mais aussi en fonction du *contenu latent* (représentations et significations parfois implicites associées au discours). Ce qui sous-entend que le clinicien n'est pas seulement attentif à ce qui est dit mais aussi à la manière dont cela est dit et au moment où cela est dit. En ce sens, les arrêts, les silences, les changements de thématique, les aspects émotionnels sont aussi importants que le récit lui-même : ils rendent compte du fonctionnement véritable du sujet et de la manière dont le sujet se positionne par rapport à son discours.

L'entretien non directif représente un intérêt particulier dans le sens où l'on perçoit le système d'associations proposé librement et spontanément par le sujet. Or c'est cette chaîne associative spontanée qui rend compte de l'aspect humain, singulier de chacun, et qui aide le clinicien à forger des hypothèses pertinentes sur la compréhension des facteurs étiologiques associés à tel ou tel trouble. Il faut toutefois faire attention à ne pas considérer l'entretien non directif comme une absence de réaction de la part du clinicien ou bien l'utiliser comme une sorte d'écran pour ne pas entrer en relation avec le sujet.

Ce qui est sous-entendu dans l'entretien non directif, c'est davantage une attitude clinique faite de respect et d'écoute bienveillante qu'une absence de parole. Certains patients peuvent, en effet, être surpris par une absence de parole du psychologue et, dans certains cas, l'assimiler à une véritable froideur et à une absence d'empathie de sa part. Au contraire, le clinicien doit être présent, disponible et il fait le choix de la non-directivité en fonction du cadre de l'entretien et de la personnalité du sujet. Certains patients ont besoin d'une écoute plus active et d'interventions plus fréquentes pour se sentir soutenus et pour pouvoir verbaliser ; le clinicien doit donc accepter de modifier les règles techniques si le contexte ne s'y prête pas.

Entretien semi-directif

Dans ce type d'entretien, le clinicien dispose d'un *guide d'entretien* ; il a en tête quelques questions qui correspondent à des thèmes sur lesquels il se propose de mener son investigation. Ces questions ne sont pas posées de manière hiérarchisée ni ordonnée, mais au moment opportun de l'entretien clinique, à la fin d'une association du sujet, par exemple.

De même, dans ce type d'entretien, le clinicien pose une question puis s'efface pour laisser parler le sujet ; ce qui est proposé est avant tout une trame à partir de laquelle le sujet va pouvoir dérouler son discours. L'aspect spontané des associations du sujet est moins présent dans ce type d'entretien dans la mesure où c'est le clinicien qui cadre le discours, mais ce dernier adopte tout de même une attitude non directive : il n'interrompt pas le sujet, le laisse associer librement, mais seulement sur le thème proposé.

Entretien directif

L'entretien semi-directif doit être distingué de l'entretien *directif*, une forme d'entretien qui peut être utilisée dans les sciences sociales et en psychologie clinique pour compléter les investigations. L'entretien directif correspond au questionnaire dans lequel les questions sont ordonnées et hiérarchisées ; il ne s'agit donc pas d'un entretien clinique dans la mesure où il n'est pas centré sur la verbalisation spontanée du sujet : celui-ci répond seulement aux questions qui sont posées, ce qui ne permet pas une grande implication personnelle.

- **Choix d'un type d'entretien**

Chaque type d'entretien n'est pas en soi meilleur ou plus mauvais que l'autre, il est tout simplement plus ou moins adapté à une situation ou à un sujet. C'est pourquoi le psychologue clinicien ne doit pas adopter une technique rigide qui soit uniquement non directive ou uniquement directive :

– les entretiens à visée diagnostique, à visée d'évaluation psychologique ou encore les premiers entretiens en psychothérapie peuvent nécessiter davantage d'interventions de la part du clinicien pour mieux connaître le sujet ;

– certains patients ont besoin d'être soutenus et ont besoin que le clinicien intervienne davantage ;

– d'autres patients au contraire peuvent ressentir les interventions du psychologue comme une véritable intrusion.

Au-delà des modèles théoriques de référence qui prônent une attitude plus ou moins directive, c'est aussi toute la finesse clinique du psychologue, son savoir-faire et son expérience pratique qui doivent orienter ses choix techniques.

2. Attitude clinique du clinicien

Les aspects techniques de l'entretien clinique (non-directivité et semi-directivité) sont indissociables de l'attitude clinique du clinicien.

- **Non-directivité**

La notion d'*attitude clinique* est proche de la conception rogérienne de la non-directivité qui peut se définir de la manière suivante :

> La non-directivité, c'est d'abord une attitude envers le client. C'est une attitude par laquelle le thérapeute se refuse à tendre à imprimer au client une direction quelconque, sur un plan quelconque, se refuse à penser ce que le client doit penser, sentir ou agir d'une manière déterminée.
>
> Max Pagès, *L'Orientation non directive en psychothérapie et en psychologie sociale*, Paris, Dunod, 1965.

Il s'agit donc d'une attitude où la centration sur le sujet est l'élément essentiel. L'attitude non directive prônée par C. Rogers (1966) a été appliquée à la relation d'aide ; elle implique que le clinicien ou le thérapeute ait confiance en son patient et dans ses capacités d'autodirection, de changement et dans ses possibilités personnelles. Cette attitude non directive de C. Rogers (*op. cit.*) ne s'assimile pas à une technique du « laisser-faire » mais plutôt à une attitude respectueuse, empathique, compréhensive, congruente et confiante à l'égard du patient, seule manière de changer le sujet selon lui.

Par ailleurs, il faut aussi se garder d'assimiler *attitude non directive* et *non-influence* ; les travaux d'A. Blanchet (1997) ont montré que les thérapeutes adoptant une technique et une attitude non directive influencent tout de même le discours du sujet, ce qui tendrait à démontrer que toute efficacité thérapeutique passe nécessairement par un procédé d'influence.

- **Respect**

L'attitude clinique relève d'une véritable *attitude déontologique et éthique*. Elle implique le *respect* du sujet. Il s'agit naturellement du premier principe du code de déontologie des psychologues signé par les associations représentant les psychologues et les enseignants-chercheurs en psychologie (AEPU : Association des enseignants de psychologie des universités ; ANOP : Association nationale des organisations de psychologues ; SFP : Société française de psychologie) :

> Le respect de la personne dans sa dimension psychique est un droit inaliénable. Sa reconnaissance fonde l'action des psychologues.
>
> *Code de déontologie des psychologues*, 1996.

Cela concerne le respect des droits fondamentaux des personnes, de leur dignité, de leur liberté, de leur protection, du secret professionnel et implique le consentement libre et éclairé des personnes concernées. Au niveau de l'entretien clinique, l'on doit appliquer cette position éthique qui peut se traduire de manière générale par le respect de la personnalité du sujet, le respect de ses appartenances sociales, culturelles et professionnelles, le respect de certains aménagements défensifs qui n'ont pas toujours en soi une valeur négative mais peuvent avoir aussi une valeur protectrice pour le sujet : dans certains cas, le déni de l'angoisse peut aider le sujet à surmonter momentanément des épreuves pénibles ou traumatiques.

- **Neutralité bienveillante**

La notion de respect implique un autre élément de l'attitude clinique : la *neutralité bienveillante.* Le clinicien ne doit pas formuler de jugements, de critiques ou de désapprobations à l'égard du sujet. Toutefois, la neutralité n'est pas de la froideur ou de la distance mais doit s'associer à la bienveillance ; il s'agit de mettre en confiance le sujet pour le laisser s'exprimer librement.

- **Empathie**

Une dernière dimension de l'attitude clinique est la *compréhension empathique ; il s'agit de comprendre de manière exacte le monde intérieur du sujet dans une sorte d'appréhension intuitive.* Selon C. Rogers, il s'agit de :

> Sentir le monde privé du client comme s'il était le vôtre, mais sans jamais oublier la qualité de « comme si »… Sentir les colères, les peurs et les confusions du client comme si elles étaient vôtres, et cependant sans que votre propre colère, peur ou confusion ne retentissent sur elles ; telle est la condition que nous essayons de décrire.
>
> *Le Développement de la personne*, Paris, Dunod, 1966.

L'empathie du clinicien apparaît comme un principe clé de la psychothérapie et de son efficacité.

En résumé, nous pouvons dire que l'attitude clinique relève tant d'un dispositif technique que d'une véritable approche déontologique. Toutefois, l'attitude clinique est très liée à la personne du clinicien et implique donc une certaine maîtrise de soi et une sérénité par rapport aux problèmes rencontrés, ce qui n'est pas toujours évident dans certaines situations ; c'est pourquoi le clinicien, pour maintenir cette « bonne distance » avec le sujet, devra analyser et clarifier ses propres contre-attitudes et émotions.

III. DIMENSION DISCURSIVE DE L'ENTRETIEN CLINIQUE ET ASPECTS NON VERBAUX

1. Dimension discursive

Même si cela peut paraître assez simple, il convient de rappeler, ainsi que le propose Gérard Poussin, que :

> C'est par le langage, et plus précisément dans sa dimension discursive, que l'on se pose comme homme, comme être social particulier, comme Sujet.
>
> *La Pratique de l'entretien clinique*, Paris, Dunod, 1992.

Le langage est le lieu de la subjectivité et c'est par le langage que l'on peut avoir accès à l'expérience de l'autre. Selon A. Blanchet (1997), l'on doit considérer le discours « comme une séquence verbale dans laquelle un sujet fournit à quelqu'un d'autre sa représentation et sa position à l'égard de faits ». Le discours comporte selon lui trois dimensions :

– *référentielle* : que dit le sujet des faits ? ;

– *modale* : que pense le sujet des faits et qu'en dit-il ? ;

– *illocutoire* : quels actes accomplit le sujet lorsqu'il parle ?

Ces différentes dimensions doivent être resituées dans le contexte de l'entretien. En effet, le sujet n'est pas seul responsable de son discours ; celui-ci est produit à l'initiative du clinicien. Le clinicien fait partie du dispositif de l'entretien, il n'est pas passif et ne se contente pas d'observer un interlocuteur qui parle. Ainsi le clinicien a-t-il recours dans l'entretien clinique à différents types d'interventions : les *relances*, les *interrogations* ou les *reformulations* (A. Blanchet, 1985, 1992). Les relances sont complémentaires du discours du sujet et elles le prennent pour support. Elles peuvent aussi avoir un certain nombre d'effets sur celui-ci. Par exemple :

– une dose massive d'interrogations perturbe le déroulement d'un entretien et entraîne alors une passivité chez le sujet ;

– certaines questions directes peuvent être ressenties de manière intrusive par le sujet, il faut savoir alors les formuler ;

– mais, parfois, ce sont seulement le ton et l'accompagnement gestuel qui peuvent heurter le sujet.

De même, certaines relances, qui *a priori* pour le clinicien semblent être très neutres, peuvent avoir une influence. Par exemple, le fait de répéter un seul mot pour le clinicien souligne *ipso facto* son importance, c'est un fait bien connu des psychanalystes pour qui la simple répétition d'un mot peut constituer une forme d'interprétation.

A. Blanchet et coll. (1990) ont essayé de démontrer de manière scientifique l'effet des relances dans le cadre de l'entretien non directif : leur étude tend à établir que « le système des interactions verbales dans l'entretien de recherche s'accompagne de phénomènes d'influence de l'interviewer sur l'interviewé ». À partir de leur procédure expérimentale, ils montrent que les sujets peuvent modifier de manière assez extrême leur opinion initiale à partir de l'interprétation qu'ils font des relances : celles-ci sont comprises comme une mise en question des conditions de vérité de leur propos ainsi que comme un acte indirect, implicite mais intentionnel de la part du clinicien.

En réponse à la relance, le sujet développe des stratégies particulières qui visent à s'ajuster au thème proposé par le clinicien et à s'ajuster à l'interaction ; le sujet ne produit donc pas un discours mais plutôt un *discours-réponse* (Jacques-Marie Jakobi et coll., 1990). Selon A. Blanchet :

> L'interviewé tend à interpréter l'interrogation soit comme une mise en relief de la non-exhaustivité voire de l'incomplétude de son discours (visée inquisitrice), soit comme l'expression d'une opposition ou d'un désaccord de l'interviewer. Ces deux mécanismes entraînent des effets différenciés.

Dire et faire dire : l'entretien, Paris,
Masson et Armand Colin, 1997.

2. Aspects non verbaux

Dans l'entretien clinique, les informations ne sont pas seulement véhiculées à travers le discours mais aussi à travers la communication non verbale.

- **Définition**

On entend par *communication non verbale* :

> [...] l'ensemble des moyens de communications existant entre des individus vivants n'usant pas du langage humain ou de ses dérivés non sonores (écrits, langage des sourds-muets, etc.).
>
> Jacques Corraze, *Les Communications non verbales*, Paris, PUF, 1980.

Cette définition exclut le système linguistique humain et intègre les gestes, les postures, les orientations du corps, les singularités somatiques, naturelles ou artificielles, les rapports de distance entre les individus grâce auxquels une information est transmise (*ibid.*).

- **Intérêt**

Ce sont surtout les travaux en éthologie qui ont montré l'importance de la *communication non verbale* au niveau de la communication sociale. Selon les éthologues, elle remonte au tout début de l'organisation sociale et fonde la cohérence et l'équilibre d'un groupe appartenant à la même espèce (*ibid.*).

Les psychologues, de leur côté, savent aussi que la communication non verbale prend une importance cruciale dans les premiers mois de la vie ; les sourires du bébé, l'agencement du regard, les grimaces, etc., sont autant de manières pour le bébé d'exprimer ses états intérieurs alors que la parole n'existe pas encore.

- **Manifestations lors de l'entretien clinique**

Dans l'entretien clinique avec l'adulte, les manifestations non verbales du sujet peuvent donner de précieuses indications en particulier sur l'intégration cognitivo-émotionnelle (Anne Ledoux, 1983).

Les *mimiques du visage* peuvent traduire des expressions affectives telles que la colère, la peine, la tristesse, la joie ou l'étonnement. Par exemple, des études (André Haynal et coll., 1988) ont mis en évidence les spécificités du sourire chez le sujet déprimé, à travers les notions de *sourire feint* et de *sourire authentique*, à partir de l'étude des muscles du visage :

– le sourire authentique associe le grand muscle zygomatique qui produit un étirement du coin des lèvres, soulève les pommettes, produit des rides en patte d'oie au niveau du contour de l'œil :

– dans le sourire feint, il n'y a pas de contraction des paupières, le début et la fin du sourire sont rapides et décalés par rapport au moment attendu, et ce sourire intéresse seulement la partie basse du visage et les paupières inférieures ; les études montrent qu'il s'agit là du faux masque du déprimé qui essaie de donner à voir que tout va très bien alors qu'il souffre profondément.

D'autres éléments dans la communication non verbale donnent des indications pertinentes ainsi que le souligne A. Ledoux (*op. cit.*). Par exemple :

– le *regard* peut rendre compte de l'établissement de la relation à travers la fuite ou l'accrochage du regard ;

– les *gestuelles* et les *postures* peuvent rendre compte du rapprochement, de l'accueil, du rejet, de la menace, des attitudes amoureuses ;

– la *communication tactile* comme la poignée de mains peut donner aussi des informations sur la qualité de la relation : poignée de mains furtive ou chaleureuse ;

– l'*investissement de l'espace* rend également compte de l'investissement de la relation à travers la position des sièges (côte à côte ou rapprochés) ; les psychologues préfèrent la position côte à côte qui est plus conviviale ;

– les *manifestations neurovégétatives* (rougeur, pâleur, sudation) donnent quant à elles des indications tout à fait pertinentes sur les émotions du sujet ; il est important pour le clinicien de voir à quel moment elles surgissent ;

– enfin, l'aspect *vocal* est également important (intensité de la voix, débit, régularité, silences, etc.), montrant ainsi le degré de cohérence entre ce qui est dit et la manière dont cela est dit.

De même, la communication non verbale du clinicien est importante et peut influencer le sujet.

Le clinicien n'analyse pas de manière systématique les éléments de la communication non verbale, sauf si cela fait partie d'un protocole de recherche ; ceux-ci font généralement partie du contexte général de l'observation et le clinicien essaie d'établir un lien entre les aspects verbaux et non verbaux. Toute l'activité du clinicien consiste justement à relier et à donner du sens à une série d'éléments disparates ; cette tentative permet une compréhension globale du sujet.

Chapitre 2

Entretien clinique, psychothérapie et modèles théoriques

I. ENTRETIEN CLINIQUE ET PSYCHOTHÉRAPIE

Nous abordons dans ce chapitre l'entretien clinique dans le cadre de la relation d'aide ou de soins psychologiques. Si la notion même d'entretien clinique est très liée aux travaux de C. Rogers, les modèles théoriques associés à l'entretien clinique à visée psychothérapeutique sont nombreux et influencent diversement la pratique des cliniciens. On peut alors se demander en fonction de quels critères les cliniciens choisissent tel ou tel modèle de référence. Cela dépend en fait de leur formation initiale, de leur formation personnelle, des spécificités institutionnelles et des problèmes psychopathologiques spécifiques qu'ils sont amenés à rencontrer.

Doit-on se référer à un modèle unique ou bien peut-on se référer à une multiplicité de modèles dans la pratique de l'entretien clinique à visée thérapeutique ? La psychologie clinique n'a guère de difficultés pour répondre à cette question. En effet, elle est d'abord liée au terrain clinique et donc aux demandes cliniques qui en émergent ; à partir de là, elle cherche dans les modèles théoriques la ou les approches compréhensives les plus adéquates et les plus congruentes avec les faits observés. Le clinicien n'essaie donc pas de forcer l'interprétation des faits observés en imposant un modèle théorique qui ne correspond nullement aux spécificités cliniques ; il adopte plutôt une démarche que nous appellerons *intégrative* et *complémentariste*, ce qui nécessite bien entendu une formation éclectique.

Il est donc important en ce sens que, dès leur formation initiale, les étudiants connaissent l'ensemble des modèles compréhensifs en psychopathologie. Ils pourront alors faire plus tard le choix de telle ou telle technique, choix qui pourra être conditionné par les spécificités cliniques et psychopathologiques du terrain clinique.

Un modèle théorique n'est pas en soi meilleur qu'un autre, il peut être seulement plus adapté pour rendre compte d'une situation clinique particulière. Par ailleurs, l'enrichissement de la clinique passe aussi par l'intégration de connaissances issues de modèles différents.

II. MODÈLE MÉDICAL : L'ENTRETIEN PSYCHIATRIQUE

1. Précurseurs

D'un point de vue historique, c'est à Philippe Pinel (1745-1824) que l'on doit la naissance d'une psychiatrie clinique. Très imprégné des traditions médico-philosophiques, il a su intégrer dans le monde asilaire une approche humaniste qui s'est traduite par la suppression des chaînes des malades mentaux et par la proposition de « s'entretenir » avec ceux qu'on appelait les « fous ». Ce fut une idée révolutionnaire pour l'époque et qui entraîna un changement dans la conception que l'on se faisait de la folie.

2. Démarche et objectifs de l'entretien psychiatrique

L'entretien psychiatrique est aujourd'hui très imprégné de tradition médicale, ce qui oriente de manière particulière sa nature, ses objectifs et ses modalités (Bernard Pachoud, 1998). Il a pour objectifs :

– d'identifier des troubles psychopathologiques : c'est la phase diagnostique ;

– de déterminer la conduite à tenir : c'est la phase thérapeutique.

• Phase diagnostique

L'entretien clinique constitue une source de données utiles au psychiatre pour l'établissement du diagnostic. Marie-

Christine Hardy-Baylé insiste sur le climat de confiance qui doit régner avant de commencer l'investigation :

> De la qualité du lien noué avec le sujet dépend la possibilité d'obtenir des informations sur son fonctionnement psychique.
>
> *Le Diagnostic en psychiatrie*, Paris, Nathan Université, coll. 128, 1994.

Dans cette première phase, le psychiatre relève les éléments sémiologiques : cela peut se faire dans un abord non directif, toutefois, il ne s'agit pas, ainsi que le souligne B. Pachoud (*op. cit.*), d'une simple observation mais d'une « quête d'information guidée par une activité de raisonnement diagnostique, ce qui suppose la référence à un système nosographique ».

L'entretien psychiatrique suit donc une certaine logique qui est fixe :

> En somme, la démarche diagnostique s'appuie sur l'idée que chaque maladie ou trouble mental a une expression clinique, un cours évolutif et des causes spécifiques, différents de ceux des autres troubles mentaux.
>
> M.-C. Hardy-Baylé, *op. cit.*, 1994.

Le modèle de référence nosographique peut être le *DSM* (*Manuel diagnostique et statistique des troubles mentaux*, édité par l'Association américaine de psychiatrie) qui se veut athéorique. Mais il existe d'autres modèles : les psychiatres français se réfèrent aussi aux modèles européens, très imprégnés de cohérence théorico-clinique, alors que les modèles anglo-saxons mettent plutôt l'accent sur la sémiologie.

- **Phase thérapeutique**

Après la phase diagnostique, le psychiatre propose une conduite thérapeutique (prescription de médicaments, hospitalisation, etc.).

B. Pachoud (*op. cit.*) souligne que, ces dernières années, les progrès de la recherche dans le domaine de la psychopharmacologie entraînent l'adoption de méthodologies de plus en plus en précises et de plus en plus quantitatives dans le domaine de la psychiatrie, ce qui retentit inévitablement sur la clinique de l'entretien qui se veut plus qualitative.

3. Entretien clinique psychiatrique et entretien clinique psychologique

Au moins deux différences essentielles apparaissent entre l'entretien clinique utilisé en psychiatrie et en psychologie, les deux approches étant par ailleurs complémentaires et nécessaires :

– le psychiatre se fonde sur des éléments cliniques apparents pour établir un diagnostic le référant ensuite à un système nosographique. Le psychologue, lui, tente plutôt de comprendre le fonctionnement psychologique d'un individu en tentant de resituer les conduites observées dans un contexte (histoire personnelle et familiale du sujet, éléments de personnalité, modalités de la relation avec l'entourage, représentations intérieures) ; ici la référence est le sujet lui-même ;

– le psychiatre inscrit l'entretien clinique dans une démarche thérapeutique, alors que la démarche du psychologue n'est pas thérapeutique au sens médical du terme (absence de prescriptions) ; elle a davantage une valeur d'aide, de conseil et d'intervention psychologique qui est tout de même censée entraîner des changements positifs chez le sujet souffrant.

III. MODÈLE PSYCHANALYTIQUE

1. Débuts de la psychanalyse et méthode des associations libres

C'est à Sigmund Freud (1856-1939) que l'on doit le développement de la psychanalyse. Celui-ci a d'abord reçu une formation médicale puis, après avoir suivi en 1885 l'enseignement du professeur Jean-Martin Charcot à Paris, il retourne à Vienne où il commence à soigner des patientes hystériques à partir de la *méthode cathartique* (1886-1895). Cette technique place la parole au centre du dispositif thérapeutique puisque la catharsis (libération émotionnelle) était obtenue grâce à la parole :

> L'être humain trouve dans le langage un équivalent de l'acte, équivalent grâce auquel l'affect peut être abréagi.
>
> Sigmund Freud et Josef Breuer (1895), *Études sur l'hystérie*, Paris, PUF, 9e éd., 1989.

Cette manière de procéder était cohérente avec la théorie puisque Freud supposait que les névroses étaient liées à des traumatismes anciens qui n'avaient pas fait l'objet d'une abréaction.

Dans un premier temps, la catharsis était obtenue par hypnose, mais Freud abandonna très rapidement cette dernière technique qui ne donnait selon lui que des résultats partiels et il la remplaça par la *méthode des associations libres* (1895-1905) qui est la base du dispositif psychanalytique. Pour Freud, elle consistait à demander au patient de se laisser aller à dire tout se qui lui passe par l'esprit, sans rien omettre, même si celui-ci trouvait cela pénible ou honteux. De cette manière, Freud essayait d'extraire et de mettre en évidence les pensées refoulées à l'origine de la névrose. Il s'aperçut que les souvenirs n'apparaissaient pas aussi facilement, qu'il y avait de nombreuses amnésies, que le récit était déformé et ne suivait pas une chronologie déterminée.

C'est ce discours spontané, associatif, qui permit à Freud de construire sa théorie d'une métapsychologie avec la notion de refoulement des événements pénibles, de résistance qui s'oppose à la réapparition des souvenirs. À l'écoute du récit associatif, Freud met en place sa règle de l'interprétation qui correspond à une reconstitution des matériaux refoulés. Il s'agit d'une technique thérapeutique censée supprimer les amnésies à l'origine des réactions d'angoisse et des symptômes névrotiques ; le sujet libéré par cette prise de conscience peut alors disposer d'une plus grande liberté de choix et assumer davantage de responsabilités dans sa vie.

Du point de vue du dispositif, Freud faisait étendre ses sujets sur un divan et se soustrayait à leur regard, ce qui permettait une détente musculaire en évitant toute impression sensorielle dans l'interaction. De cette manière, le thérapeute n'était pas influencé par les comportements verbaux et non verbaux du sujet ; de même, le patient ne pouvait pas être influencé par les émotions susceptibles d'apparaître sur le visage de l'analyste. Cette situation laissait à ce dernier une très grande liberté d'écoute avec une absence de focalisation permettant de mieux comprendre le patient dans sa globalité ; c'est ce que Freud a appelé « l'attention flottante ».

2. Modalités de la cure analytique aujourd'hui

Elles se sont peu modifiées depuis Freud et se basent toujours sur la méthode des associations libres.

- **Premiers entretiens**

Indication d'analyse

Les premiers entretiens psychanalytiques ont pour fonction de recueillir les éléments de décision en ce qui concerne l'*indication d'analyse* et de convenir des modalités pratiques de la cure (D. Lagache, 1964). Au cours de ces premiers entretiens :

– l'analyste, dans une démarche non directive, écoute les patients, l'histoire des troubles, l'histoire de leur vie ;

– il analyse le désir et la capacité du sujet à entreprendre une analyse ;

– il prend en compte la souplesse et la richesse psychique du patient, l'aptitude de celui-ci à verbaliser et à tolérer la situation de l'analyse qu'il peut vivre comme frustrante.

Fixation du cadre psychanalytique

Une fois posée l'indication de l'analyse, ce cadre est fixé et ne change plus. Il concerne :

– la *durée* (rarement inférieure à quatre ou cinq ans) ;

– la *fréquence* et la *durée des séances* (2 à 3 séances par semaine, d'une durée de trente à quarante-cinq minutes) ;

– la *position de l'analysé* (allongé sur un divan) ;

– la *position de l'analyste* (situé derrière le patient).

Dans cette situation est donnée au sujet la *consigne de libre association* qui représente en fait un apprentissage de la liberté d'expression de soi (D. Lagache, *op. cit.*).

- **Entretiens suivants : rôle du psychanalyste**

À partir de ce moment, il est d'observer, d'écouter (dans une attention flottante et non sélective), « de comprendre, de savoir attendre et se taire, et le moment venu donner l'interprétation qui convient » (*ibid.*).

Par l'*interprétation*, l'analyste communique au sujet le contenu latent du discours de celui-ci. Cette communication peut prendre différentes formes : question, reformulation, relance, ponctuation. Elle consiste à réunir des éléments disjoints du discours ; en ce sens, c'est une activité de liens et de mise en sens du récit du sujet.

L'interprétation n'est effectuée que lorque le sujet est prêt à l'entendre ; il y a donc véritablement un travail de co-construction entre thérapeute et patient. La démarche du psychanalyste est par conséquent non directive ; il ne doit pas diriger le discours du sujet, il n'intervient pas, se garde de formuler des jugements et ne conseille pas : « l'analyste ne doit être rien d'autre qu'un miroir qui reflète ce qui lui est montré » (Freud, 1913).

- **Phénomènes psychologiques apparaissant au cours des entretiens**

Dans ce dispositif spécifique apparaissent un certain nombre de phénomènes psychologiques.

Régression

Elle est favorisée par la situation allongée. Il ne s'agit pas d'une régression pathologique mais d'une régression nécessaire au processus thérapeutique ; elle permet au patient de se tourner vers son passé (*régression temporelle*), de fonctionner dans le registre de l'imaginaire et non de la réalité (*régression formelle*), et de parvenir au matériel inconscient (*régression topique*).

Résistances

Il s'agit de résistances au travail thérapeutique, qui tentent de maintenir dans l'inconscient les événements oubliés.

Transfert

Il représente le moteur de la cure et peut se définir ainsi :

> C'est la répétition vis-à-vis de l'analyste d'attitudes émotionnelles, inconscientes, amicales, hostiles ou ambivalentes que le patient a établies dans son enfance au contact de ses parents et des personnages de son entourage.
>
> D. Lagache, « La méthode psychanalytique », *in* L. Michaux et coll., *Psychiatrie*, n° 1036-66, 1964.

Contre-transfert

Il s'agit d'une réponse de l'analyste au transfert du patient mais qui désigne aussi, de manière plus générale, l'ensemble des réactions inconscientes de l'analyste à l'égard de son interlocuteur.

3. Spécificités de l'entretien psychanalytique

• Une forme particulière de communication

L'entretien psychanalytique se révèle être assez spécifique dans son mode d'approche : au discours du sujet répond le silence du thérapeute. Il ne s'agit donc pas à proprement parler d'un échange de paroles ou d'une conversation entre deux interlocuteurs. On a affaire davantage à une forme particulière de communication à travers l'écoute de l'analyste qu'un véritable échange verbal (D. Widlöcher et M.-C. Hardy-Baylé, 1990).

• Une manière particulière d'appréhender le discours

Une autre spécificité de l'entretien psychanalytique est la manière d'appréhender le discours : le thérapeute n'est pas seulement attentif aux informations réelles qui sont véhiculées mais aussi aux éléments implicites, latents, aux opérations mentales qui accompagnent le discours. En d'autres termes, la réalité du discours et des interactions au cours de l'entretien psychanalytique est perçue par le psychanalyste comme renvoyant à un certain nombre d'activités intrapsychiques comme l'activité conflictuelle ou pulsionnelle.

Cette activité n'est toutefois pas directement observable, elle est inférée à partir des faits observés et c'est le modèle théorique psychanalytique qui donne une cohérence globale à la compréhension des faits. Cela constitue d'ailleurs une critique que l'on a faite de la psychanalyse, ou d'une certaine utilisation de la psychanalyse, à savoir de ne pas tenir compte des éléments de l'observation clinique et de passer trop rapidement à l'interprétation théorique.

• Une conversation néanmoins

Selon Daniel Widlöcher (1998), l'entretien psychanalytique obéit malgré tout aux règles de la conversation ordinaire ; il distingue un *discours narratif* (récit d'événements) et un *discours interactif ou dialogique* qui est construit pour obtenir une réponse de l'interlocuteur.

Dans la situation psychanalytique, la communication de type dialogique est réduite. Toutefois, s'il n'y a pas interaction entre deux personnes, il y a tout de même, selon D. Widlöcher, interaction entre deux modes de vie psychique ; c'est-à-dire qu'en même temps que le patient est occupé par son activité mentale, le thérapeute aussi est occupé par sa propre activité mentale : tentative de se représenter l'univers mental du sujet, tentative de compréhension du sujet à travers l'analyse du contre-transfert, etc.

Les aspects intersubjectifs sont donc éminemment importants dans cette situation ; patient et analyste sont engagés ensemble dans un processus de « co-pensée » (*ibid.*), notion qui dépasse les seuls aspects transférentiels et contre-transférentiels et qui rejoint également la notion d'empathie.

4. Entretien psychanalytique et entretien clinique psychologique

• Liens

La psychologie clinique et la psychiatrie clinique en France ont été très imprégnées par le modèle psychanalytique. Des liens très forts ont toujours existé entre la psychologie clinique et la psychanalyse. Selon Didier Anzieu :

> La psychanalyse est venue à point pour rendre service à la psychologie sur deux plans, celui de la caution théorique et celui d'un exemple, sinon d'un modèle de pratique. En retour, la psychologie a servi de véhicule à la propagation de la psychanalyse dans un pays longtemps indifférent ou réticent à son égard.
>
> « Daniel Lagache et la psychologie clinique », *Psychologie française*, n° 19-4, pp. 247-254, 1974.

Toutefois, ces liens très forts ne doivent pas effacer les spécificités de chacune de ces disciplines.

• Spécificités

La *psychanalyse* est une théorie étiologique des troubles mentaux, une théorie générale du fonctionnement psychique, une méthode d'investigation du fonctionnement psychique et une méthode thérapeutique tout à fait spécifique dont nous venons de tracer les grands traits. La formation psychanalytique est assurée dans des instituts et associations spécifiques qui réglementent le statut de psychanalyste.

La *psychologie clinique* correspond quant à elle à :

– un champ de pratiques professionnelles qui dépasse très largement le champ du cabinet libéral du psychanalyste (centre hospitalier spécialisé, hôpital de jour, centre médico-psychologique, service de médecine, aide sociale à l'enfance, etc.) ;

– une méthode clinique (observation, entretien, tests) qui sert à effectuer les évaluations psychologiques ;

– une formation universitaire (DESS réglementant la fonction de psychologue) ;

– un champ de recherche dont sont responsables en particulier les enseignants-chercheurs en psychologie ;

– un champ d'interventions psychologiques (Claude Revault d'Allonnes, 1989).

• Conséquences au niveau de l'entretien

L'entretien utilisé par les psychologues cliniciens et par les psychanalystes s'inscrit donc dans des démarches et des champs qui peuvent être très différents. Toutefois, au cours de l'entretien clinique, le psychologue clinicien peut faire référence à la psychanalyse de deux manières :

– à un niveau théorique, il peut être familiarisé avec un certain nombre de notions : référence à l'inconscient, au refoulement, aux résistances, aux théories sexuelles infantiles (par exemple, la problématique œdipienne) ;

– à un niveau technique, il peut faire référence à l'attention flottante qui est une manière d'écouter librement le sujet en évitant d'écarter les aspects irrationnels, contradictoires, ainsi que le fonctionnement en processus primaires et secondaires.

IV. ENTRETIEN CLINIQUE ET PSYCHOTHÉRAPIE BRÈVE D'INSPIRATION PSYCHANALYTIQUE

Dans les psychothérapies brèves, on peut véritablement parler d'entretien clinique dans le sens où il existe un échange verbal entre le thérapeute et le patient. Les psychothérapies brèves se basent sur deux principes :

– un *principe de focalisation* basé sur la définition claire et précise du problème à traiter chez le sujet ;

– et un *principe didactique* dans lequel le thérapeute oriente la psychothérapie.

Le développement des *psychothérapies brèves d'inspiration psychanalytique*, terme que l'on emploie pour les différencier des *psychothérapies longues* (la psychanalyse), est lié à deux facteurs, socio-économique et temporel ; en effet, les psychanalyses sont chères et longues, ce qui les rend peu accessibles à une frange de la population (Edmond Gilliéron, 1997). Les auteurs qui se sont intéressés aux psychothérapies brèves se sont aussi penchés sur la notion d'*efficacité thérapeutique.*

1. Précurseurs

Sandor Ferenczi (1928, 1929, 1933), psychanalyste et contemporain de Freud, est l'un des précurseurs des psychothérapies brèves. Il s'est rapidement intéressé à la meilleure manière de venir en aide à ses patients en expérimentant un certain nombre de changements techniques. C'est ainsi qu'il commence par préconiser la *technique active*, fondée sur l'observation attentive et l'empathie, qui consiste en des interventions directives de la part de l'analyste : formuler, par exemple, des ordres et des interdits. Cette technique ne donnant que très peu de résultats, il assouplit dans un deuxième temps ses interventions, en ne donnant plus que des conseils ou des suggestions. Dans un troisième temps, il assouplit encore davantage ses interventions pour ne s'intéresser qu'à ce que le patient semblait attendre de l'analyste. Il essaye alors de ne pas frustrer cette demande ou cette attente.

S. Ferenczi a mis au cœur du dispositif thérapeutique la question des interactions entre analysé et analyste : en effet, selon lui, tout acte, tout geste, toute amélioration ou détérioration du patient est un signe de la relation transférentielle ou un signe de résistance par rapport à cette relation.

Il a pris position alors par rapport à la technique analytique proposée par Freud en critiquant l'*attitude de l'analyste*, c'est-à-dire la *passivité objective* et *bienveillante*, la *patience imperturbable* de l'analyste et la *non-intervention*. Cette attitude, selon lui, avait pour effet de réactiver et d'amplifier le désarroi des patients ; en effet, le fait d'amener les patients à un rappel de l'expérience traumatique conduisait nécessairement à une reviviscence des affects liés au traumatisme (S. Ferenczi, 1933). Dans cette situation, S. Ferenczi conseillait donc que l'analyste sécurise et « console » son patient au lieu de faire preuve d'une patience imperturbable ne faisant qu'augmenter son désarroi.

2. Pionniers

Les psychothérapies brèves prennent surtout leur essor pendant et après la Seconde Guerre mondiale.

F. Alexander et Th. French (1959) proposent des modifications techniques de la psychanalyse et développent l'*expérience émotionnelle corrective* (E. Gilliéron, 1997). F. Alexander propose de travailler sur la méthode des associations libres mais il associe également des entretiens plus directs et donne des directives au patient, il pense aussi que les attitudes du thérapeute doivent être suffisamment souples pour s'adapter au cas par cas.

Michael Balint propose la *psychothérapie focale* ; il s'agit d'entretiens en face-en-face dont le nombre est limité dans le temps, avec une focalisation sur le problème du patient.

Peter Sifnéos (1972) développe la *psychothérapie à court terme provocatrice d'anxiété* dans laquelle il établit un contrat avec le patient visant à résoudre son problème. Le nombre d'entretiens est bref et l'attitude du thérapeute est semi-directive.

3. Modalités de l'entretien dans les psychothérapies brèves

- **Cadre**

L'entretien dans les psychothérapies brèves se déroule en face-à-face et la psychothérapie est limitée dans le temps. Ce cadre crée une dynamique relationnelle spécifique et accentue les échanges affectifs (E. Gilliéron, 1997). La situation est moins contraignante pour le sujet ; on a plus affaire à une situation d'entretien, le discours se situe davantage dans un registre conscient et rationnel, à cause d'un relâchement physique et psychique moins important que celui de la cure analytique.

Les contenus sont plus proches de la réalité et moins de la dimension imaginaire ; cela peut être vécu par le patient comme davantage structurant et contenant. La fonction pédagogique et la fonction de soutien du thérapeute sont davantage sollicitées dans ce type de thérapie et l'on peut passer d'une forme non directive à une plus grande directivité.

- **Règles de fonctionnement**

Dans l'approche des psychothérapies brèves proposée par E. Gilliéron (*op. cit.*), on retrouve un certain nombre de règles de fonctionnement :

– l'indication de la psychothérapie brève se fait sur 3 à 4 séances. C'est ce qu'il appelle « l'investigation psychodynamique brève ». L'objectif est exploratoire, il consiste à mettre en évidence le contexte de crise et de conflits qui a conduit le patient à la consultation ainsi que les éléments de personnalité et les possibilités de changement chez le sujet. Très rapidement, le thérapeute élabore une interprétation initiale qui peut permettre un soulagement rapide chez le sujet ainsi que la constitution d'une alliance thérapeutique. E. Gilliéron propose d'analyser rigoureusement dans cette première investigation le mode d'interactions selon le modèle des communications (analyse des échanges verbaux et non verbaux) ;

– à la fin de cette investigation et une fois l'indication posée, la psychothérapie brève débute avec un nombre de séances programmées sur lequel s'entendent patient et thérapeute ;

– les entretiens ont lieu en face-en-face et le nombre de séances hebdomadaires est fixé ;

– la psychothérapie se base sur la consigne des associations libres ;

– elle s'appuie sur le principe de la focalisation, mais c'est le patient qui focalise son problème en évoquant ce qui le préoccupe le plus ;

– l'attitude du thérapeute se situe dans une attention flottante mais il intervient également pour échanger et proposer des interprétations.

Les travaux de E. Gilliéron se situent dans une double référence analytique, avec un intérêt porté au fonctionnement intrapsychique et systémique, aux interactions entre thérapeute et patient, mais aussi aux aménagements relationnels du sujet avec son entourage (familial, social, professionnel).

V. ENTRETIEN CLINIQUE ET APPROCHE PHÉNOMÉNOLOGIQUE

1. Précurseurs et premières applications

Le courant phénoménologique est né en réaction aux thèses et à la manière de comprendre le fait pathologique au début du XIXe siècle, en particulier contre le courant organiciste considéré comme trop réducteur. La phénoménologie est issue de la philosophie, en particulier de la philosophie allemande. C'est d'abord chez Edmund Husserl (1859-1938) que l'on retrouve les fondements mêmes de cette approche ; il propose de comprendre l'homme et sa psychologie en partant de l'observation sans *a priori* théorique des états de conscience, du vécu, de l'expérience et des modes de relations du sujet avec son entourage. Martin Heidegger (1889-1976), disciple de E. Husserl, propose une philosophie qui prône la connaissance de l'être humain dans le monde, de la réalité humaine à partir du terme *der Dasein*, c'est-à-dire d'une description des choses dans leur essence sans aucun présupposé théorique.

La philosophie phénoménologique marque donc la nécessité d'un retour à l'expérience humaine comme objet d'une description ; cette approche va profondément marquer la psychologie et la psychopathologie. Karl Jaspers (1883-1969) est l'un des premiers à introduire la dimension phénoménologique en psychopathologie :

> L'objet de la psychopathologie est l'activité réelle et consciente. Nous voulons savoir ce que les hommes vivent et sentent et comment ils le font, nous voulons connaître l'étendue des réalités de l'âme. Nous voulons examiner non seulement la vie des hommes, mais les circonstances et les causes qui la conditionnent, ce à quoi elles se relient, tous les aspects qu'elles présentent. Mais il ne s'agit pas de toute l'activité psychique ; le pathologique seul est notre objet.
>
> *Psychopathologie générale*, Paris, Librairie Félix Alcan, 1928.

K. Jaspers a eu une approche descriptive de la phénoménologie ; sa méthode consistait à décrire les vécus psychiques conscients des malades mentaux, à classer ces états entre eux et à les comparer aux vécus psychiques de l'homme normal.

Les phénoménologues se réfèrent essentiellement à Ludwig Biswanger (1881-1966) qui pense qu'il faut aller davantage dans la compréhension du malade là où il se trouve, plutôt que de le comprendre à partir des théories préétablies qui appartiennent au thérapeute et non au malade ; il propose une analyse qui se base davantage sur la relation et l'expérience vécue.

2. Phénoménologie : un autre regard sur la pratique de l'entretien

L'approche phénoménologique en psychologie peut donc être définie comme une *connaissance descriptive sans* a priori *des faits* ; elle tente d'appréhender l'individu de manière globale en prenant en compte la signification de son vécu. En psychopathologie, ce type d'approche a une conséquence importante car l'accent est mis sur *le malade et son vécu* et non pas sur *la maladie*.

L'approche phénoménologique ne propose pas de technique psychothérapeutique particulière mais insiste sur la notion de *communication* : Il doit s'instaurer une communication et une relation véritable entre le clinicien et son patient. L'accent est mis sur la *relation thérapeutique* qui est considérée comme une relation interhumaine, donc une possibilité de rencontre, un face-à-face et un échange avec un autre. Il n'existe pas de règles techniques ; plus qu'un modèle thérapeutique, l'approche phénoménologique propose une réflexion théorique sur la notion de psychothérapie et une réflexion sur la pratique de l'entretien en insistant sur l'expérience communicative entre les deux interlocuteurs.

VI. ENTRETIEN CLINIQUE ET APPROCHE HUMANISTE : CARL ROGERS

Les conceptions de C. Rogers (1966) ont eu une grande influence en ce qui concerne la psychothérapie, car elles intègrent une approche humaniste assez proche du point de vue phénoménologique. Prenant position par rapport aux théories psychanalytiques et béhavioristes, il s'intéresse assez peu à la nosographie et à la structure de la personnalité ; selon lui, chez tout être humain existent des potentialités qui peuvent être développées et se réaliser dans une relation interpersonnelle.

- **Non-directivité**

Le principe de sa technique thérapeutique est basé sur la non-directivité qui peut se résumer selon M. Pagès de la manière suivante :

> [...] s'abstenir de toute intervention directive dans le champ d'expérience du client qui y introduise une structure (manière de percevoir, valeur, but, etc.). En se substituant à lui, n'intervenir que pour augmenter l'information du client sur sa propre activité mentale, s'abstenir de diriger le processus d'information du client sur lui-même, partir de l'hypothèse que le client lui-même s'efforce de communiquer avec lui-même et tâcher de faciliter la communication du client avec lui-même dans le sens où lui-même la dirige.
>
> M. Pagès, *op. cit.*, 1965.

- **Acceptation**

À la notion de non-directivité est lié un principe inconditionnel selon C. Rogers, la notion d'acceptation : *il s'agit d'accepter le sujet tel qu'il est, de l'accepter dans sa globalité, d'accepter ses paroles, ce qui les rend plus acceptables pour le sujet lui-même. Accepter l'autre, c'est aussi ne pas porter de jugement de valeur sur la personne, la respecter* et ne pas être directif. La notion d'acceptation du client chez C. Rogers implique une acceptation de soi, la perception de soi et la perception d'autrui étant liées. Le thérapeute devra donc accepter ses propres angoisses pour pouvoir les percevoir chez autrui.

M. Pagès (*op. cit.*) a souligné le caractère paradoxal de la thérapie de C. Rogers en ce qui concerne la notion d'acceptation. C'est en effet en valorisant autrui tel qu'il est maintenant qu'il peut changer et, pour le thérapeute, le fait de désirer le changement chez le sujet se traduit par une valorisation de ce dernier tel qu'il est maintenant, c'est-à-dire, au fond, par une acceptation qu'il ne change pas. Toutefois, il s'agit du caractère paradoxal de tout changement thérapeutique : c'est en affrontant ses angoisses que l'on peut les dépasser.

- **Compréhension empathique**

La non-directivité n'est pas une technique du « laisser-faire », elle n'est pas non plus un manque d'intérêt pour le patient. Bien au contraire, le psychothérapeute rogérien doit ressentir et exprimer son intérêt pour le patient à travers une compréhension empathique. Sa fonction est d'être présent et accessible à l'expérience de son patient. Il doit se fier à ses propres sensations, à ce qu'il éprouve à chaque moment de rencontre avec son patient. Il doit être sincère et authentique en essayant d'approcher et de sentir au plus près l'expérience du sujet. Par son écoute attentive, le thérapeute aide son patient à reformuler les différentes données de son expérience, à les intégrer et à en prendre conscience.

- **Relation interpersonnelle, positive et constructive**

Pour C. Rogers, la psychothérapie est avant tout une relation interpersonnelle, positive et constructive dans laquelle le thérapeute est l'élément essentiel du changement thérapeutique. C. Rogers a un point de vue résolument optimiste : il y aurait chez tout un chacun une tendance naturelle de vie qui est le *désir d'épanouissement* ; ce sont ces forces constructives que le thérapeute devra mettre en évidence pour développer les capacités d'expression, améliorer les relations du sujet et ses communications interpersonnelles. Le processus thérapeutique, selon C. Rogers, englobe une libération des sentiments avec reconnaissance, vécu et perception de ceux-ci au cours de la thérapie, ainsi qu'un changement dans le mode d'expérience vécue devant entraîner une congruence avec soi-même.

VII. APPROCHE SYSTÉMIQUE

Elle est issue des travaux du groupe de chercheurs de l'école de Palo Alto qui se sont vivement intéressés, après la Seconde Guerre mondiale, à l'approche familiale. C'est Gregory Bateson qui a donné l'impulsion à ce groupe de recherche en élaborant sa célèbre hypothèse du *double bind* ou « double contrainte ».

1. Hypothèse du *double bind*

Selon cette hypothèse, l'origine de la schizophrénie infantile se situerait dans un système d'interaction conflictuel, contradictoire, permanent et répété dans le temps, entre le schizophrène et les membres de la famille. Les systémiciens mettent en évidence, au sein de cette famille, un discours contradictoire constitué d'une série de messages paradoxaux et d'injonctions contradictoires dont le modèle est le suivant :

– on retrouverait une première injonction primaire négative qui est transmise verbalement à l'enfant : « Ne fais pas ceci ou cela sinon je te punirai » ou « Si tu ne fais pas ceci, je te punirai » (Jean-Claude Benoit, 1983), cette injonction rendant compte du caractère punitif de l'apprentissage ;

– puis une deuxième injonction en conflit avec la première serait transmise sous une forme infraverbale (modulation de la voix, geste, posture). D'une manière ou d'une autre, elle nierait la première et signifierait « Ne considères pas ceci comme une punition » ou « Ne me tiens pas pour responsable de ta punition », ou encore « Ne tiens pas compte de mes interdits » (*ibid.*) ;

– ce message contradictoire entraîne alors un blocage de la relation ; le sujet schizophrène n'a pas de possibilités de la fuir et de commenter le message ni de métacommuniquer ;

– on aboutit donc à un fonctionnement pathologique de la communication familiale qui entraîne des perturbations du fonctionnement associatif chez le sujet schizophrène avec des altérations de la logique discursive en relation avec des altérations profondes sur le plan psychique.

2. Thérapies familiales systémiques

L'école de Palo Alto s'est donc intéressée au fonctionnement pathologique de la communication familiale (Paul Watzlawick, 1972) en considérant le système familial comme un système homéostasique dans lequel le trouble d'un membre de la famille tend à préserver l'équilibre familial. Il va s'agir pour le thérapeute de faire trouver à la famille un autre équilibre et une réorganisation du système en l'absence de désordre psychopathologique.

C'est l'objectif des thérapies familiales systémiques (Maurizio Andolfi et coll., 1985 ; Mara Selvini-Palazolli et coll., 1978) qui ont connu un essor tout à fait important en France et qui portent leurs investigations et leurs tentatives de changement sur les phénomènes inhérents à la famille, considérée comme un groupe. Il s'agit donc de conduire des entretiens avec la famille et le but est de resituer le trouble et le discours du sujet dans un ensemble : les interactions familiales et sociales.

Les entretiens familiaux sont dirigés par plusieurs thérapeutes, avec un minimum de deux personnes, le but étant de former un système capable de se préserver du groupe familial. Les thérapeutes s'impliquent activement dans la thérapie, manient les paradoxes et contre-paradoxes (M. Selvini-Palazolli et coll., *op. cit.*), s'engagent sur le plan émotionnel.

Ces thérapies demandent un travail intense avant et après la consultation. La vidéo y est souvent utilisée et elles nécessitent une solide formation ainsi qu'une maîtrise de la technique.

VIII. APPROCHES COGNITIVE ET COMPORTEMENTALE

1. Thérapies cognitivo-comportementales

Elles représentent un ensemble de techniques basées sur les théories de l'apprentissage et sur les apports de la psychopathologie cognitive (Jean Cottraux, 1984).

Elles ont toutes en commun un certain nombre de caractéristiques :

– l'établissement d'un contrat entre le patient et le thérapeute ;

– la définition claire et précise des objectifs thérapeutiques avec une définition des conduites qui vont être la cible des tentatives de changement ;

– la durée du traitement qui est généralement assez bref de trois à six mois ;

– la mesure quantitative et qualitative du changement obtenu.

2. Thérapies comportementales

Elles ont pour objectif de supprimer le comportement inapproprié pour le remplacer par un comportement adapté selon les lois du conditionnement. Par exemple, la technique de désensibilisation utilisée pour soigner les phobies repose sur le principe de Joseph Wolpe :

> Si, en présence de *stimuli* déclenchant l'anxiété, on installe une réponse antagoniste capable de la supprimer, les liens unissant *stimuli* et anxiété sont affaiblis.
>
> J. Wolpe et R.S. Lazarus, *Behavior Therapy Technics, A Guide to the Treatment of Neuroses*, Oxford, Pergamon Press, 1964.

L'entretien consiste donc en une série de directives données par le thérapeute : le sujet doit, par exemple, apprendre à se relaxer, il doit constituer ensuite avec le thérapeute une liste hiérarchisée de situations provoquant l'anxiété, puis il doit associer détente physique et représentation de situations anxieuses. Cette association renouvelée plusieurs fois crée une nouvelle réponse conditionnée qui est la détente.

Dans ce type de thérapie, l'attention du thérapeute ne se porte pas véritablement sur les associations libres et spontanées du sujet, à qui un certain nombre de directives fixes cadrées sont données pour soigner le symptôme.

3. Thérapies cognitives

Elles mettent l'accent sur les représentations cognitives ; elles associent un certain nombre de techniques comme l'imagerie mentale, l'arrêt de la pensée, etc. On suppose de manière assez générale que ce sont les distorsions cognitives qui créent les troubles, dans certaines thérapies ; l'objectif est donc de faire prendre conscience au sujet de ses pensées, de reconnaître celles qui sont inexactes et de leur substituer des idées positives. Là aussi, le thérapeute a une démarche directive.

IX. CONCLUSION : EFFICACITÉ THÉRAPEUTIQUE

L'entretien est à la base de toutes les psychothérapies associant la parole au dispositif thérapeutique. Le cadre et les éléments techniques ne semblent pas se modifier beaucoup mais, d'une technique thérapeutique à l'autre, un certain nombre d'éléments varient néanmoins, comme :

– la position des fauteuils (face à face, côte à côte) ;

– la position du patient (assis ou allongé) ;

– le nombre et la durée des séances ;

– la durée de la psychothérapie ;

– l'attitude du clinicien (non directive, semi-directive ou directive).

Ce qui semble en revanche se modifier parfois de manière assez radicale, c'est bien le système de pensée du clinicien, la manière dont il appréhende l'univers mental du sujet, dont il tient compte des interactions, et ses théories psychopathologiques et psychologiques.

De nombreux auteurs ont donc posé à juste titre la question de l'efficacité thérapeutique dans les dispositifs thérapeutiques liés à la parole. Selon A. Blanchet :

> L'entretien clinique est construit autour d'un projet général d'amélioration de la situation psychique du patient, nécessairement fondé

> sur une représentation (implicite ou explicite) de l'appareil psychique, de ses dysfonctionnements, voire des causes éventuelles de ses pathologies. Corrélativement, une idée générale des moyens (ou efficacité thérapeutique) permettant d'améliorer la situation du patient est présente dans tout projet d'entretien clinique.
>
> *Dire et faire dire*, *op. cit.*, 1997.

L'efficacité thérapeutique dans les entretiens cliniques repose sur l'idée unanime des cliniciens qu'il existe un lien étroit entre le discours et le fonctionnement de la pensée ainsi qu'une analogie et une compatibilité entre les lois qui gèrent le discours et les lois qui gèrent le substrat psychique (*ibid.*). En modifiant les règles du discours, on aurait donc aussi une action sur les altérations psychiques.

Claude Levi-Strauss, à partir de l'analyse d'un traitement traditionnel (cure chamanique en République du Panama) destiné à aider une femme à accoucher, résume l'efficacité thérapeutique en trois points en partant de la logique du discours :

– le thérapeute traditionnel met en ordre des sensations chaotiques internes et les organise selon la logique d'un récit structuré qui comporte un dénouement ;

– la patiente y croit et elle est membre d'une société qui y croit ;

– la mise en ordre du chaos affectif se fait selon la logique des structures mythiques et donc linguistiques :

> Le chaman fournit à sa malade un *langage*, dans lequel peuvent s'exprimer immédiatement des états informulés et autrement informulables. Et c'est le passage à cette expression verbale (qui permet en même temps de vivre sous une forme ordonnée et intelligible une expérience actuelle, mais sans cela anarchique et ineffable) qui provoque le déblocage du processus physiologique, c'est-à-dire la réorganisation, dans un sens favorable, de la séquence dont la malade subit le refoulement.
>
> Claude Levi-Strauss (1949), « L'Efficacité symbolique », in *Anthropologie structurale*, Paris, Plon, 1974.

Il y a là l'idée, présente dans toutes les thérapies basées sur la parole, que le discours est utilisé pour recomposer une structure psychique fragmentée et créer des liens, des associations entre des éléments isolés. C'est le principe de la psychanalyse et des interprétations psychanalytiques :

> Comme acte de langage, l'interprétation consiste à réorganiser dans un cadre de référence plus vaste (un contenant, ou une enveloppe), une série d'informations (des contenus) hétérogènes entre elles ou non. L'interprétation comme acte est donc le modèle même de l'application d'un ordre discursif ayant fonction de mise en cohérence et hiérarchisation.
>
> A. Blanchet, *op. cit.*, 1997.

Le clinicien ne s'appuie pas toujours sur les éléments explicites du discours pour proposer ses inférences mais aussi sur les aspects implicites. Selon A. Blanchet (*op. cit.*), les interventions thérapeutiques du clinicien sont de trois types :

– les *analogies* propositionnelles : analogie entre deux types d'interaction. Par exemple, Freud dit à propos du petit Hans qu'il a peur du noir sur la bouche du cheval comme il a peur de la moustache du père ;

– les *interprétations* : à partir du récit du sujet et d'une série d'éléments du discours disparates, le clinicien propose une interprétation globale qui a pour effet de déplacer le sens du trouble ;

– les *propositions* thérapeutiques, qui consistent en suggestions, ordres, offres et conseils.

Les études sur l'efficacité thérapeutique (Conrad Lecomte et Michèle Alain, 1990) montrent qu'il n'y a pas de différence entre les différentes approches pour le même problème. Il y aurait donc des facteurs communs de changement et cela quelle que soit la technique thérapeutique. Il semble que les prédicteurs les plus déterminants du succès thérapeutique soient les variables liées au client (65 %) et au thérapeute (25 %), celles liées aux techniques thérapeutiques comptant pour seulement 10 %.

Parmi les *facteurs prédicteurs du changement positif chez le sujet*, on note :

– la nature et la gravité du problème ;
– les attentes ;
– la qualité du soutien social ;
– les croyances ;
– les variables bio-psychosociales.

Dans les *facteurs liés au thérapeute*, on note :

– les qualités personnelles (maturité) ;

– les qualités interpersonnelles (chaleur, implication et compréhension empathique) ;

– les compétences professionnelles.

C. Lecomte et M. Alain conçoivent l'entretien thérapeutique comme un *processus d'influence interpersonnel* : le thérapeute tente d'influencer, de mettre en place un changement chez le sujet et ce changement n'est pas lié aux variables du patient d'un côté et de l'autre du thérapeute, c'est davantage une influence interactive qui suppose que le sujet ait confiance en son thérapeute.

Enfin, l'entretien thérapeutique peut aussi être considéré selon ces mêmes auteurs comme un *processus inférentiel.* Durant l'entretien, le thérapeute fait appel à ses capacités de discernement clinique :

> En fait la qualité, l'efficacité et l'évolution d'un entretien psychothérapique reposent largement sur la qualité et la validité des inférences et des jugements cliniques du thérapeute.
>
> C. Lecomte et M. Alain, « Les facteurs communs dans les entretiens psychothérapiques », *Psychologie française*, 35, 3, pp. 185-193, 1990.

Chapitre 3

Entretien clinique et évaluation

Dans le cadre de l'évaluation, l'entretien clinique est un *moyen* et une *méthode* pour accéder à des informations sur les troubles actuels (et éventuellement passés) d'un individu, sur sa personnalité, sur son mode de fonctionnement psychique, mais aussi sur ses aptitudes ou ses difficultés à appréhender le changement.

I. PRINCIPES DE L'ÉVALUATION PSYCHOLOGIQUE

1. Objectifs

Il s'agit de préciser :

– le *diagnostic symptomatique* (phobie, rituels, instabilité, énurésie, insomnie, etc.) ou syndromique (anorexie, dépression, etc.) ;

– et les *caractéristiques psychologiques* (mécanismes de défense et de *coping*, modalités émotionnelles, processus de pensée, thèmes fantasmatiques, représentation de soi, relations interpersonnelles, style d'attachement, mode préférentiel de relation à l'autre, etc.).

• Évaluation qualitative

Il importe de savoir évaluer ces divers points dans la mesure où ils informent sur la psychopathologie mais permettent aussi de saisir au mieux les stratégies thérapeutiques les plus efficaces pour le cas. Autrement dit, il s'agit, d'une part, de diminuer la marge d'erreur sur l'identification des problèmes d'un sujet et, d'autre part, de proposer des plans de traitement et/ou des orientations thérapeutiques.

Certes, comme l'indiquent Delay et Pichot (1980), les principes qui sous-tendent l'évaluation psychologique sont différents de ceux qui gouvernent les autres formes de mesures scientifiques et, même si l'évaluation s'effectue avec une marge d'erreur moins précise que par une mesure métrique, elle n'en est pas pour autant moins scientifique. Néanmoins si, par exemple, l'évaluation de l'anxiété et plus précisément de son type, de sa nature, de sa forme relationnelle observée et ressentie par le psychologue lors de l'entretien clinique n'est pas métrée comme une échelle, elle aura l'avantage d'être moins sèche et plus riche au plan qualitatif.

- **Évaluation quantitative**

On comprendra pourtant que l'intérêt majeur de l'évaluation quantitative est la détection précoce des troubles, cette détection pouvant améliorer de façon significative et substantielle la probabilité de proposer un traitement adapté à chaque cas. L'identification de troubles mentaux chez certains groupes d'individus (par exemple, les étudiants, les malades hospitalisés, les personnes âgées, les malades chroniques) permet non seulement d'identifier une plus grande proportion d'individus qui ont des problèmes psychologiques, mais aussi de le faire à un stade précoce de leur maladie, et partant, de réduire de façon significative l'aggravation de la maladie.

2. Pratique de l'évaluation clinique par entretiens

Au plan pratique, l'évaluation clinique est possible à l'aide d'entretiens avec le patient, avec son entourage, par l'anamnèse, et l'examen psychologique et/ou psychiatrique.

- **Objectifs de l'entretien d'évaluation**

Il permet d'obtenir des informations sur le psychisme du sujet. Ce n'est pas la seule méthode d'évaluation et il peut être utilement et considérablement complété par d'autres méthodes telles que :

– des observations (en milieu naturel, à l'hôpital, etc.) ;

– des examens et des tests psychologiques (la clinique dite *instrumentale* s'appuie sur des instruments proprement psychologiques, préparés, élaborés avant la rencontre avec le sujet : hétéroquestionnaires, autoquestionnaires).

L'entretien d'évaluation reste néanmoins irremplaçable. Son but est :

– *diagnostique* : repérer des symptômes, les classer, les discuter et permettre la connaissance du fonctionnement psychique ;

– et *thérapeutique* : parfois avoir une action bénéfique immédiate et, le plus souvent, instaurer une relation qui permettra la prise en charge psychologique et l'élaboration d'un projet thérapeutique.

Son objet est l'*activité* et le *fonctionnement psychiques* de la personne. À ce sujet, précisons que nous n'observons essentiellement que leurs manifestations objectives et/ou subjectives :

– les *manifestations objectives*, visibles ou comportementales peuvent être directement observées, mesurées ou enregistrées. Ce type d'observation va des actes, des gestes jusqu'à des comportements plus discrets tels que les émotions ;

– les *manifestations subjectives* telles que les représentations psychiques accompagnées de leurs affects, fruits de l'activité mentale du sujet, ne sont connues que de lui-même. Ces manifestations peuvent être simplement décrites, mais on peut aussi les interpréter.

• Types d'entretien d'évaluation

Il existe classiquement trois types d'entretien :

– l'*entretien libre*, où la personne s'exprime en laissant venir puis se développer librement son activité associative. Ce type d'entretien favorise l'activité narrative et le déploiement des souvenirs-écrans ainsi que l'activité reconstructive en fonction du jeu dynamique actuel entre les désirs et leurs défenses ;

– l'*entretien structuré*, où les symptômes sont systématiquement explorés dans un ordre préétabli, c'est-à-dire où la consigne, les thèmes et les relances sont précis et strictement réglementés ;

– l'*entretien semi-structuré*, qui favorise l'expression libre et associative à partir d'une question ouverte tout en orientant ponctuellement la personne sur des questions précises auxquelles l'examinateur souhaite une réponse.

- **Spécificités et difficultés de l'entretien d'évaluation clinique**

Plans global et individuel

Si nous tenons compte du fait que l'essence même de l'entretien clinique est la compréhension d'un individu dans sa globalité et dans son individualité la plus subjective, il faut considérer que l'entretien clinique d'évaluation se doit tout autant de considérer les observations liées au cas en fonction des attentes de la personne, de ses conditions de vie, de son histoire personnelle, de sa situation actuelle, et de son fonctionnement psychique. Même si nous souhaitons avoir une idée plus précise d'un aspect de sa psychopathologie ou de sa personnalité, cette caractéristique ne pourra prendre un sens moins élémentaire qu'en y incluant l'histoire telle qu'elle est racontée par le sujet qui en parle de son propre lieu. Il s'agit alors bien d'un entretien clinique d'évaluation et non d'un entretien clinique de recherche.

Deuxième point important : comme l'entretien clinique vise le cas singulier, unique, et dans sa dimension essentiellement subjective, il nécessite la mobilisation, du côté du clinicien, d'un mouvement d'empathie propre à la démarche compréhensive.

Dans le même ordre d'idée, la démarche d'évaluation reste rigoureusement individuelle et, si elle veut rester clinique, doit se dérouler avec la même philosophie que l'entretien clinique classique ; mais elle va devoir conjointement développer une approche d'investigation plus active, plus centrée, plus questionnante. Le clinicien est alors en quête de signes « insolites » ou de symptômes, ainsi que d'éléments précis et préétablis servant à catégoriser et à classer. Or, la singularité de la démarche proprement psychopathologique est de considérer la sémiologie comme l'étude et la compréhension du sens des symptômes au regard de l'histoire proprement individuelle étudiée en fonction d'un certain type de présence.

Mais, au-delà de ce rappel de l'état d'esprit général lié à l'entretien, la difficulté la plus grande est bien souvent la distinction des plans d'observation ; en effet, il faut éviter de situer sur le même plan les symptômes observés et les symptômes ressentis par le patient, de même qu'il faut différencier l'interprétation que le patient donne de ses symptômes de celle qu'en fait le clinicien ou un membre de l'entourage (parents chez l'enfant, conjoint chez un adulte, entourage familial chez la personne âgée).

Plans diagnostic, structural et étiologique

Le diagnostic symptomatique isolé ou regroupé en syndrome clinique ne suffit pas. La saisie de son mode d'organisation permet, par inférence, d'entrer dans la dimension structurale. Si l'on a recours au modèle psychanalytique, le fonctionnement psychique est apprécié selon la structuration de l'identité sexuelle, le complexe d'Œdipe, le repérage identitaire, les types d'investissement, les modes de relation d'objet, la structure de l'appareil psychique (Ça, Moi, Surmoi) et selon les principes de plaisir et de réalité. L'évaluation se focalise sur les conflits pulsionnels, sur les mouvements entre désir et défenses, entre plaisir et réalité, sur les forces en présence, et sur l'organisation historico-développementale supposée au vu de l'agencement des symptômes, des conduites et du fonctionnement intrapsychique global perçu dans la relation intersubjective de l'entretien. L'évaluation est alors toujours une « hypothèse » formulée à partir des relations entre des faits psychiques. Le souci du clinicien est d'identifier des formes et des configurations spécifiques qui se dégagent progressivement des divers recoupements qu'il effectue pendant et après la situation d'entretien.

Une difficulté fréquemment rencontrée dans les discussions de cas entre cliniciens est la confusion entre les *plans symptomatique, structural et étiologique* ; cela entraîne des problèmes complexes de classification. Par exemple, une tendance rencontrée plus spécifiquement dans le champ de la psychopathologie infantile est de vouloir rapprocher des tableaux cliniques infantiles avec ceux d'adultes – d'autant que l'observateur est lui-même un adulte –, de ne pas reconnaître la pathologie comme telle et d'avoir tendance à banaliser, et d'exclure les facteurs de développement ou le style et le rythme de croissance propre de l'enfant, la variabilité symptomatique propre à l'âge, ignorer la dépendance fondamentale du petit d'homme et isoler sa pathologie de son milieu de vie (*cf.* chapitre 6).

Incidence du modèle de référence

En psychologie clinique, l'objet de l'investigation clinique est déterminé par la souffrance psychique d'un individu ou d'un groupe d'individus (par exemple, la famille). Cette investigation dite « à mains nues » (D. Lagache, 1949) est, nous le rappelons de nouveau, une construction hypothétique, une hypothèse de travail toujours élaborée à partir d'un modèle théorique (modèle psychanalytique, modèle ethnopsychiatrique, modèle phénoménologique, modèle psychosocial, modèle cognitif, modèle comportemental, etc.) qui va permettre d'établir inférentiellement des formes ou des configurations œuvrant pour un travail de mise en sens, de mise en pensée, de mise en représentation, du côté du clinicien. Plus ce modèle aura de cohérence interne, plus il risque d'être opérant. Mais il faut tout autant se méfier de ne chercher (puis de ne trouver) dans le cas observé que ce qui valide le modèle auquel nous adhérons.

Une relation spécifique

L'entretien clinique permet l'écoute de la demande d'un sujet en souffrance à l'égard d'un autre susceptible de savoir la reconnaître, la clarifier et surtout de savoir l'entendre. Il s'agit donc d'une parole qui s'adresse à quelqu'un (réel ou/et imaginaire), et cette situation de demande ainsi que la façon de la recevoir et de l'écouter favorisent amplement l'émergence des phénomènes inconscients (désirs, représentations, affects, lapsus, modalités de pensée et de raisonnement, etc.) et surtout la mobilisation thérapeutique. Cette méthode d'accès à la complexité psychique, assez intuitive, appréhende le sujet dans sa globalité et se trouve en adéquation avec les objectifs d'une pratique clinique. Elle est plus limitée en recherche dans la mesure où elle ne permet que très difficilement de dégager des informations précises ou comparables d'un entretien à l'autre.

Néanmoins, en entretien, le clinicien étudie essentiellement les manifestations subjectives et le sujet est invité à dire ce qu'il pense et ce qu'il ressent. Cette proposition d'être écouté sans jugement, pour lui-même et à son rythme, tranche avec ce qu'il connaît et expérimente dans ses relations de la vie quotidienne. Le fait que cela soit très différent implique bien la spécificité de cette relation mais aussi tout son intérêt. Or, étrangement, face à cette proposition, le sujet ne peut pas toujours et ne veut pas toujours livrer ce qu'il pense et ressent même si, le plus souvent, il cherche à le faire. Le psychologue doit donc faciliter, encourager et soutenir le plus possible l'expression tout en sachant que cette difficulté implique des mécanismes de défense (dont au premier chef le refoulement) plus ou moins intenses qui viennent bloquer, empêcher les mouvements de désir et d'activité de représentations.

Un entretien, associé à l'examen psychologique complémentaire, apporte une très riche information sur un patient. Il permet généralement de bien connaître les grandes lignes de l'histoire du sujet, son caractère, ses conduites habituelles, ses relations, l'évolution de ses troubles, son fonctionnement psychique.

II. NIVEAUX D'ÉVALUATION

Il faut distinguer trois niveaux d'évaluation : le niveau symptomatique ou descriptif, le niveau du fonctionnement intrapsychique et le niveau intersubjectif (qui sera développé dans les chapitres 5 et 7).

1. Plan symptomatique ou descriptif

- **Raisonnement**

Il importe de circonscrire la qualité de l'activité intellectuelle avec le raisonnement ou la capacité du sujet à organiser sa pensée, à comprendre et à utiliser adéquatement des concepts et à orienter des projets vers un but.

Cette capacité s'évalue au niveau du discours spontané du sujet et en lui posant des questions destinées à voir comment il raisonne pour y répondre.

La perturbation de cette activité peut être liée à des troubles cognitivo-intellectuels ou à une dysrégulation émotionnelle.

- **Jugement**

De son côté, le jugement correspond à la capacité du sujet à situer des idées et des faits selon une échelle de valeurs adaptée au contexte (abstrait ou relationnel).

On évalue généralement sa souplesse, sa stabilité, et sa solidité.

Le jugement est perturbé lorsqu'il est inébranlable, rigide, inadapté, inconsistant, incohérent, inadéquat : par exemple, juger une situation humaine selon des critères uniquement logiques ou ne pas pouvoir le modifier malgré des informations nouvelles, etc.

- **Mémoire**

Elle sera aussi explorée. Y a-t-il des pertes de souvenirs récents ou de souvenirs anciens, une impossibilité à acquérir des souvenirs nouveaux, une désorganisation des souvenirs avec, par exemple, mélange du présent et du passé, du réel et de l'imaginaire ?

- **Imagination**

Elle peut être pauvre, stéréotypée, ou au contraire exaltée, floride, luxuriante.

- **Pensée**

Le flou de la pensée, la perte de la mémoire de fixation et le parasitage de la pensée par une activité proche du rêve (onirisme) avec obnubilation (entre confusion et vigilance normale) ou, à l'inverse, l'hypervigilance (réactivité attentionnelle, état d'hyperalerte) signent l'altération de la vigilance. La pensée peut être diffluente, digressive, ou plus ou moins fluide alors que l'attention peut être plus ou moins intense, stable, étroite, prolongée ou efficace.

• Aspect général

N'oublions pas que la *présentation*, la *tenue*, la *propreté générale* sont révélateurs de l'adaptation et du caractère.

• Attitudes

Les attitudes pendant l'entretien rendent compte, elles aussi, des éprouvés (aisance, anxiété, besoin de contrôle, etc.). C'est ainsi que le mode d'expression gestuelle révèle les affects éprouvés (pauvreté ou excès des mimiques, discordances entre mimiques et discours, maniérisme). Il importe tout autant d'apprécier l'activité psychomotrice qui peut, par exemple, révéler agitation ou passivité, mais aussi agression, persécution, dépression et l'activité langagière tels que parole abondante, mutisme, bégaiement, répétition de mots sans adaptation à l'entretien.

• État émotionnel

De ce côté, on peut distinguer :

– les modifications modérées, comparables à celles qu'on observe chez les sujets normaux, qui se produisent en réaction à une situation (les réactions affectives) ;

– et les modifications de nature pathologique dues à une dysfonction affective (les troubles de l'humeur).

L'état émotionnel se manifeste par le son de la voix, les attitudes, les gestes, les mimiques, les réactions vasomotrices, et renseigne sur le fonctionnement affectif de la personne. On peut observer disproportion, inadéquation ou discordances. Des variations émotionnelles sont observées qui vont de la tristesse ou du découragement à la jubilation heureuse.

• Conscience de soi et de l'environnement

Elle peut être perturbée par un trouble du fonctionnement de la pensée, des fonctions intellectuelles supérieures ou de l'état émotionnel. Au cours de l'évaluation, il est essentiel d'apprécier comment le sujet se voit et comment il voit le monde, puisque cela renseigne très directement sur sa personnalité. Pour ce faire, on dispose de ce que le sujet rapporte de ses réactions dans la vie et de la manière dont il se comporte pendant l'entretien. Dans le délire, la conscience de soi et du monde est troublée avec une conviction inébranlable (trouble de l'identité, des limites de soi, sentiment d'être un, d'être distinct des autres, d'être d'un sexe, d'avoir un nom, une histoire, une personnalité).

- **Perceptions**

Elles peuvent être modifiées avec des anesthésies hystériques, des insensibilités, une méconnaissance. Les illusions ou fausses perceptions se distinguent des hallucinations qui sont des perceptions sans objet.

- **Autres manifestations**

Par ailleurs, il importe de juger :

– des particularités du sommeil (insomnie, hypersomnie, cauchemars, somnambulisme, etc.) ;

– des conduites alimentaires (boulimie, anorexie, coprophagie) ; du contrôle sphinctérien (énurésie, gâtisme, rétention) ;

– des conduites sexuelles (désintérêt, impuissance, frigidité, nymphomanie, perversions) ;

– des conduites sociales (infraction avec les lois, c'est-à-dire délits ou crimes de type vols, escroqueries, agressions, homicides, attentats aux mœurs) ;

– des comportements non conformes aux règles familiales et/ou sociales tels que fugues, tentatives de suicide, ivresses, comportements marginaux ;

– des conduites symptomatiques de particularités psychiques telles qu'attitudes agressives, dépenses inconsidérées, provocations ou refus de travail, sans que cela ne soit, d'ailleurs, nécessairement pathologique.

2. Plan du fonctionnement intrapsychique

Les modalités de la relation lors de l'entretien importent considérablement car la demande et le transfert induisent une dynamique révélatrice de la personnalité du sujet examiné. Les traits de personnalité et la personnalité pathologique ajoutent à la relation des caractéristiques significatives de fonctionnement psychique normal ou pathologique (*cf.* chapitre 5).

Néanmoins, le fonctionnement intrapsychique suppose une théorie dynamique de l'appareil psychique où l'analyse structurale appréhende :

– la nature de l'angoisse (de morcellement, de castration, d'abandon, etc.) ;

– les mécanismes de défense (refoulement, dénégation, projection, isolation, déplacement, identification projective, déni, désaveu, etc.) ;

– les thèmes fantasmatiques (de niveau oral, anal, phallique, œdipien, etc.) ;

– les processus de pensée (processus primaires, processus secondaires, processus tertiaires) ;

– le type de relation d'objet (anaclitique, narcissique, objectal) ;

– les rêves et l'activité onirique (rêves répétitifs, cauchemars, avec ou sans surdétermination psychologique).

Si nous prenons l'exemple de la psychopathologie infantile (*cf.* chapitre 6), le clinicien peut d'abord établir un diagnostic symptomatique isolé (tic, énurésie, etc.) ou regrouper les symptômes en un ensemble : un syndrome clinique. Il utilise ensuite la référence structurale psychanalytique qui est la plus utilisée. Le fonctionnement psychique est alors apprécié :

– selon la structure de la relation, c'est-à-dire la situation par rapport à une identité sexuelle, le complexe d'Œdipe, le passage d'une relation binaire à une relation triangulaire. Il faut repérer l'identité, les investissements, la relation d'objet ;

– selon la structure de l'appareil psychique (deuxième topique) : Ça, Moi, Surmoi ;

– selon les principes de plaisir et de réalité.

En définitive, le fait psychique est abordé :

– d'un point de vue *dynamique*, avec les conflits pulsionnels, les rapports désir/défenses, plaisir/réalité, Ça/Moi, Œdipe ;

– d'un point de vue *économique*, avec l'évaluation des forces en présence, des besoins, des pulsions, des défenses, du Moi, etc. ;

– d'un point de vue *topique*, en rapport avec la structure de l'appareil psychique ;

– d'un point de vue *génétique*, à savoir comment le tout s'est organisé.

Ainsi le diagnostic d'organisation est-il obtenu à partir des symptômes et des conduites et, plus précisément, de leur agencement, de leur organisation. Le diagnostic est basé sur une compréhension des faits et sur leur interprétation. On établit donc des relations entre différents faits psychiques, et l'interprétation de quelques points particuliers permet d'établir des relations très probables. Ainsi, même si le clinicien n'est pas psychanalyste, il peut tirer parti des connaissances apportées par le modèle psychanalytique.

L'entretien permet d'évaluer la demande, de la clarifier, de réaliser une anamnèse associative (*cf.* chapitre 7), de repérer le rôle des fantasmes dans les relations interpersonnelles ainsi que les formes de mentalisation. Le travail mental du clinicien est ici différent de celui nécessaire au repérage sémiologique puisqu'ici il étudie essentiellement le rapport du contenu manifeste au contenu latent. Les particularités psychiques s'exprimant au plan des conduites et des relations s'explorent à travers ce que le patient rapporte de lui-même et de sa vie et à travers ses réactions transférentielles au cours de l'entretien.

La même conduite peut avoir plusieurs sens et il est toujours plus facile de la décrire que de comprendre ce qu'elle signifie. Il faut noter que chaque conduite peut être expliquée par des diversités de fonctionnements psychiques. Il est d'abord préférable de s'en tenir au plus près de l'expérience clinique et de rassembler les éléments permettant d'en faire une description précise avant de proposer, secondairement, une analyse compréhensive.

Précisons bien qu'un système de classification reste nécessaire car il permet de renvoyer un cas particulier vers un système général, ouvrant ainsi la possibilité de pronostiquer, et éventuellement d'« agir avant », en prévention.

Chapitre 4

Entretien clinique et recherche

I. ENTRETIEN CLINIQUE ET RECHERCHE EN PSYCHOLOGIE CLINIQUE

L'entretien clinique est une méthode de recherche privilégiée dans un grand nombre de disciplines des sciences humaines : c'est notamment le cas de la psychologie clinique. Compte tenu des spécificités de cette discipline, la recherche dans ce domaine a pour objectifs de créer des connaissances nouvelles et de permettre des généralisations.

Le schéma de la recherche en psychologie clinique est le suivant :

– on s'appuie sur des situations cliniques particulières, situations souvent provoquées par le clinicien chercheur ;

– celui-ci pose une question, censée être pertinente, et essaie d'y répondre en mettant en place une procédure pour justifier ses affirmations. Le choix de la procédure de recherche est déterminé par l'objectif de la recherche et par les hypothèses de travail : il peut s'agir de recherches sur des cas singuliers, d'observations systématiques de plusieurs individus, de comparaisons de groupes ou bien d'études longitudinales ;

– l'entretien clinique s'inscrit à ce moment, c'est-à-dire qu'il peut faire partie des outils cliniques destinés à recueillir les données au cours de la procédure. Il peut éventuellement être utilisé seul ou bien être associé à un certain nombre de tests psychologiques, d'échelles cliniques ou à l'observation directe avec les méthodes vidéo ;

– après le recueil des données, qui donne lieu à la constitution de documents de travail (entretiens intégralement retranscrits), le clinicien chercheur rentre dans la phase de l'analyse en donnant une série de significations au corpus ainsi obtenu et en le resituant par rapport au sujet et à sa problématique.

1. Positionnements possibles

Il y a deux positionnements possibles sur le plan de la recherche en psychologie clinique : soit l'entretien clinique s'inscrit dans l'activité ou dans la pratique du psychologue clinicien, soit il a lieu à l'initiative du clinicien chercheur.

- **Entretien clinique inscrit dans l'activité ou la pratique du psychologue clinicien**

Il fait partie de l'évaluation psychologique ou bien de la psychothérapie, et ce n'est que dans un deuxième temps que l'entretien est analysé en fonction des hypothèses précises du chercheur-clinicien.

Dans ce type de recherche, la position du clinicien est double, il est à la fois praticien et chercheur : dans un premier temps, il relève de manière clinique et globale les données issues de sa pratique et, dans un deuxième temps, il affine le niveau d'observation pour ne s'intéresser qu'à certains éléments précis qu'il analyse enfin dans un troisième temps.

- **Entretien clinique produit à l'initiative du clinicien chercheur**

Ici, le chercheur clinicien dispose d'un guide d'entretien qui correspond à ses hypothèses et il intervient dans une institution au titre de chercheur. La demande émane donc du chercheur et non pas du patient. C'est de ce second type d'entretien dont nous parlerons dans ce chapitre.

2. Dimensions éthiques

Disposer du contenu des entretiens pour faire de la recherche pose naturellement un certain nombre de problèmes et de questions sur le plan éthique (Odile Bourguignon et Anne Fagot-Largeault, 1995) :

– y a-t-il consentement des sujets pour participer à la recherche ? ;

– quelle est la valeur du consentement de sujets affaiblis, rendus vulnérables par l'état de maladie ? ;

– la recherche présente-t-elle un intérêt pour le sujet ? ;

– est-elle susceptible d'avoir un effet néfaste sur lui ? ;

– a-t-on le droit de disposer d'informations sur la vie des sujets et de les utiliser en vue d'une publication ? ;

– quelles sont les conséquences d'une évaluation psychologique sur la personne ? ;

– a-t-on le droit de réveiller chez certains sujets des souvenirs enfouis, douloureux, qui ne demandaient qu'à être oubliés alors que l'objectif de la recherche n'est pas thérapeutique, même si « incidemment » il peut aussi l'être ?

Pour répondre à ces problèmes, des lois existent qui ont pour objectif de réglementer la recherche, par exemple la loi Huriet (juin 1994) sur la protection des personnes soumises à des expérimentations biologiques et qui s'applique aussi aux recherches en psychologie. Cette loi implique le consentement éclairé des personnes participant à la recherche, leur information, l'autorisation préalable du lieu de l'étude, la soumission des protocoles à un comité consultatif qui doit donner son accord. D'autres organismes sont chargés de faire respecter la protection des informations privées comme la CNIL (Commission nationale de l'informatique et des libertés).

Toutefois, il est bien entendu que l'éthique ne doit pas seulement s'appuyer sur des textes mais aussi sur une attitude générale du chercheur qui doit être respectueuse, neutre, empathique, bienfaisante, juste, équitable et aussi rigoureuse sur le plan scientifique (O. Bourguignon, 1995). *Le Code de déontologie des psychologues* (1996) reprend aussi un certain nombre de ces principes éthiques qui devraient être naturellement appliqués dans toute recherche clinique.

II. DÉFINITION DE L'ENTRETIEN CLINIQUE DE RECHERCHE

1. Historique et définition

Selon A. Blanchet (1991), on retrouve trois courants de pensée précurseurs de l'entretien de recherche :

– l'*approche expérimentale* (l'école de Würtzburg ; K. Bühler, en 1927) ;

– l'*approche biographique* (W. Dilthey, en 1886) ;

– et l'*approche clinique* de Freud (en 1895) où le dispositif de la cure a aussi, selon cet auteur, pour objectif l'investigation du fonctionnement psychologique en vue de l'établissement de lois générales.

L'entretien clinique de recherche est un outil à la fois de recherche et de production d'information (A. Blanchet, 1985). Il s'agit d'un :

> [...] dispositif par lequel une personne A favorise la production d'un discours d'une personne B pour obtenir des informations inscrites dans la biographie de B.
>
> William Labov et D. Fanshel, *The Therapeutic Discourse*, New York, Academic Press, 1977.

Selon A. Blanchet :

> L'entretien permet d'étudier les faits dont la parole est le vecteur principal (étude d'actions passées, de savoirs sociaux, des systèmes de valeurs et normes, etc.). Ou encore d'étudier le fait de parole lui-même (analyse des structures discursives, des phénomènes de persuasion, argumentation, implicitation).
>
> *Dire et faire dire : l'entretien*, Paris, Masson et Armand Colin, 1997.

Intégré à la recherche, l'entretien a toutefois un aspect paradoxal :

> L'entretien dans les sciences sociales est un paradoxe : l'outil irrecevable du point de vue de l'idéal scientifique s'avère irremplaçable pour accéder à des connaissances dont l'intérêt scientifique est manifeste.
>
> *Ibid.*

Comme dans l'entretien clinique à visée diagnostique ou thérapeutique, on retrouve dans l'entretien de recherche les mêmes distinctions techniques :

– l'*entretien non directif*, où le chercheur donne une consigne de base à partir de laquelle est produit un discours censé répondre aux hypothèses du chercheur ; ensuite, le chercheur n'interrompt pas le sujet et se contente d'effectuer des relances ;

– l'*entretien semi-directif*, où le chercheur dispose d'un guide de questions préparées à l'avance mais non formulées d'avance ; ce guide constitue une trame à partir de laquelle le sujet déroule son récit.

Il existe deux autres types d'entretien de recherche, qui toutefois ne peuvent pas être qualifiés de cliniques dans le sens où ils laissent assez peu de liberté d'expression au sujet ; il s'agit de l'*entretien à questions ouvertes* et de l'*entretien à questions fermées* (questionnaire).

Ces différents types d'entretien se différencient sur deux points (Marie-France Castarède, 1983) :

– le *degré de liberté dans l'entretien*, très grand dans l'entretien non directif, un peu moins dans l'entretien semi-directif et considérablement réduit dans le questionnaire ;

– le *niveau de profondeur*, qui dépend du précédent dans le sens où plus l'entretien est libre, plus le sujet donne des réponses complexes et riches. Si l'on souhaite des réponses riches, complexes, singulières et originales, on optera pour l'entretien non directif. Si l'on souhaite au contraire des réponses précises et courtes, on choisira le questionnaire.

Aux aspects techniques de l'entretien clinique de recherche (non-directivité et semi-directivité), le clinicien chercheur associera l'attitude clinique (respect, empathie, centration sur le sujet, neutralité, bienveillance, etc. ; *cf.* chapitre 1).

2. Entretien clinique de recherche, d'évaluation, thérapeutique

L'entretien clinique de recherche ne se distingue pas des entretiens d'évaluation et thérapeutiques au niveau de la conduite de l'entretien, des aspects techniques et de l'attitude clinique à adopter.

En revanche, l'entretien clinique de recherche se distingue des entretiens d'évaluation et des entretiens thérapeutiques sur trois autres points :

– son objectif n'est pas thérapeutique ni diagnostique, mais il vise l'accroissement des connaissances dans un domaine particulier choisi par le chercheur ou par un groupe de chercheurs ;

– il correspond à un plan de travail que s'est fixé le chercheur : l'entretien vise à répondre à des hypothèses de recherche précises. En ce sens, le discours du sujet est assez délimité autour du thème attendu par le chercheur ;

– l'entretien clinique de recherche est produit à l'initiative du chercheur. C'est lui qui est en position de demande à la différence de l'entretien thérapeutique où il y a d'abord une demande explicite ou non de la part du sujet. Cela signifie que l'intérêt n'est pas immédiat pour le sujet, même si la recherche elle-même vise à plus long terme des retombées positives pour le groupe de patients dont est issu le sujet de la recherche.

Toutefois, même si, en théorie, on peut établir les distinctions soulignées ci-dessus, les choses peuvent se passer autrement dans la pratique de recherche. L'entretien clinique de recherche peut entraîner une libération émotionnelle chez des sujets qui n'avaient jamais parlé auparavant de leurs difficultés. D'autres sujets peuvent être renforcés dans leur narcissisme par l'intérêt qu'on leur porte. D'autres encore prennent conscience d'une demande à être examinés au cours de cet entretien. Si certains entretiens se révèlent bénéfiques, d'autres peuvent perturber le sujet qui peut se retrouver désemparé et angoissé par le récit des événements douloureux qu'il vient de dévoiler et dont il ne sait que faire maintenant.

Un entretien clinique de recherche n'est jamais neutre au niveau de ses incidences ; nous travaillons avec nos semblables, avec des êtres humains doués de sensibilité et, qui plus est, avec des sujets en état de souffrance et donc nécessairement vulnérables. Le clinicien doit être attentif aux aspects relationnels, à ce qu'il peut provoquer ou induire chez le sujet ; c'est à nouveau une question de déontologie professionnelle qui rend compte de la complexité et de la difficulté de la recherche dans le domaine des sciences humaines, en particulier de la psychologie clinique et de la psychiatrie.

III. CHOIX DU TYPE D'ENTRETIEN

Avant de choisir le type d'entretien, le chercheur devra se demander s'il est opportun d'utiliser l'entretien clinique comme méthode de production des données. Ensuite, il choisira le type d'entretien en fonction de deux critères (M.-F. Castarède, 1983) : le moment de la recherche et l'information recherchée.

1. Selon le moment de la recherche

Au cours de la phase exploratoire, au début d'une recherche, il s'agit de s'interroger sur la faisabilité de celle-ci et sur la pertinence des hypothèses et des théories référentielles. Le thème de la recherche peut à ce moment être encore assez peu délimité. Si c'est le cas, l'entretien clinique non directif s'impose car il permet un balayage du champ de l'étude : en laissant le sujet s'exprimer et associer librement, on peut voir ce qui surgit spontanément en rapport avec la thématique proposée, ce qui permet au clinicien chercheur d'affiner les hypothèses, de préciser le thème de recherche, de modifier la consigne si elle ne convient pas.

Dans un deuxième temps, on peut mettre en place un entretien semi-directif si l'on souhaite une réponse à des questions plus focalisées et plus précises, ou bien continuer avec l'entretien non directif ; à partir de ce moment, le choix de l'entretien dépend essentiellement de l'information recherchée.

2. Selon l'information recherchée

L'entretien clinique de recherche est préconisé si l'on s'intéresse aux dimensions qualitatives, singulières et originales d'un problème donné, c'est-à-dire à la manière singulière dont un individu vit tel ou tel problème.

Si l'on cherche à rendre compte plutôt de la représentativité d'une population ou d'un groupe large, on est obligé de recourir, pour plus de fiabilité, à des méthodes plus standardisées comme le questionnaire ou l'entretien à questions fermées ou ouvertes.

L'entretien non directif permet au sujet de parler de ses systèmes de représentation de la réalité, de son vécu, de ses associations à partir d'un thème donné ; il s'agit d'une dimension très personnelle qui répond à la question du « comment ? » (A. Blanchet, 1985) :

– comment le sujet, par exemple, se représente-t-il sa maladie ? ;

– quelles sont les associations spontanées qui émergent à l'évocation de sa maladie ?

Ce type d'entretien va rendre compte de la manière dont le sujet se positionne par rapport à sa maladie.

Si le chercheur cherche plutôt à établir des liens entre une situation, un événement particulier et l'origine d'une pathologie, l'entretien prendra nécessairement une forme plus directive dans le sens où ce sont des événements, des faits qui sont recherchés. Il pourra, par exemple, demander au sujet si des événements particuliers lui sont arrivés ces derniers mois, l'hypothèse implicite étant que l'on s'attend à retrouver une relation de causalité entre ces événements et l'origine de la pathologie.

IV. CONDUITE DE L'ENTRETIEN CLINIQUE DE RECHERCHE

1. Guide d'entretien et relances

L'entretien clinique de recherche est toujours associé à un *guide d'entretien* plus ou moins structuré : il s'agit d'un « ensemble organisé de fonctions, d'opérateurs et d'indicateurs qui structure l'activité d'écoute et d'intervention de l'interviewer » (A. Blanchet, 1992).

Dans ce guide, le clinicien peut formuler et préparer la *consigne* à l'avance. Celle-ci sera nécessairement identique pour tous les sujets : elle est généralement soigneusement préparée, et le clinicien veille à ce que la formulation ne soit pas inductive. A. Blanchet (1985) distingue deux types de consigne :

– celles qui induisent un discours d'opinions : « J'aimerais que vous me parliez de… », « Ce que cela représente pour vous » ;

– et celles qui induisent un discours de narration : « J'aimerais que vous me parliez de… », « Comment ça s'est passé ? ».

Le guide d'entretien comprend aussi les *axes thématiques* à traiter : le clinicien chercheur prépare quelques questions à l'avance, toutefois celles-ci ne sont pas posées de manière directive ; il s'agit davantage de thèmes à aborder que le chercheur connaît bien.

La préparation de ces questions permet de formuler les *relances* pertinentes au moment venu. A. Blanchet (*op. cit.*) distingue trois types de relance qui peuvent se situer chacune dans un registre modal ou référentiel :

– la *réitération* : le chercheur reprend un point de vue énoncé par le sujet soit directement, soit en rajoutant un préfixe modal (« Vous pensez que… ») ;

– la *déclaration* : le chercheur fait connaître son point de vue au sujet sous forme, par exemple, d'interprétation ;

– l'*interrogation* : le chercheur pose une question au sujet soit pour préciser un fait, soit pour demander son avis.

Les relances guident le discours du sujet et permettent au clinicien d'exprimer ses hypothèses de travail.

2. Écoute du clinicien

L'écoute du clinicien chercheur n'est jamais neutre ; elle ne peut être assimilée à un simple enregistrement de données. Le clinicien essaie de donner un certain nombre de significations au récit, il fait appel à ses théories pour essayer de comprendre, il peut être amené à sélectionner certains éléments qui lui paraissent pertinents pour son étude.

Ces différentes stratégies d'écoute et en particulier l'attention sélective peuvent biaiser les résultats dans le sens où le chercheur risque d'écarter des éléments pertinents. C'est pourquoi le protocole de recherche et les hypothèses doivent avoir été suffisamment réfléchis et élaborés.

Par ailleurs, un certain nombre de mécanismes psychologiques peuvent également biaiser l'écoute du chercheur.

3. Quelques aspects psychologiques : la question de l'implication

Tout comme l'entretien clinique thérapeutique ou d'évaluation, l'entretien clinique de recherche donne lieu à une interaction entre deux personnes et à ce titre peuvent apparaître un certain nombre de mécanismes psychologiques aussi bien du côté du sujet de la recherche que du clinicien chercheur. Certains de ces mécanismes ne sont pas spécifiques et peuvent s'exprimer dans tous les types d'entretien à des degrés et avec une intensité différente. Nous développerons l'ensemble de ces aspects psychologiques au chapitre 5 ; toutefois, certains aspects sont plus spécifiques à l'entretien de recherche.

• Chez le sujet

Ainsi certains sujets peuvent-ils se défendre par rapport à la situation de recherche qui entraîne chez eux une certaine angoisse. Les défenses peuvent prendre alors différentes formes (M.-F. Castarède, 1983) :

– la *fuite* : le sujet ne parle pas ;

– la *rationalisation* : le sujet ne s'implique pas, il disserte de manière générale et non personnalisée ;

– la *projection* : le sujet ne s'implique pas et projette ses propres attitudes sur les autres ;

– l'identification *au désir du chercheur* : le sujet est extrêmement conciliant et adhère trop aux attentes du chercheur ;

– le *refoulement* : le sujet évite de parler des choses douloureuses.

Toutes ces défenses sont là pour se prémunir d'une trop grande *implication*, alors que paradoxalement l'entretien clinique de recherche vise à recueillir des données très personnalisées. Cela entraîne par ailleurs un certain nombre de biais car, très souvent, ce sont les sujets les plus motivés qui acceptent de participer à une recherche et ils ne sont pas toujours représentatifs du groupe de patients auquel ils appartiennent.

• Chez le chercheur

Du côté des aspects psychologiques chez le chercheur, c'est surtout la question de l'implication qui apparaît comme centrale dans la recherche. C'est Georges Devereux, à partir de son expérience de psychanalyste et d'anthropologue, qui a théorisé et explicité la question de l'implication chez le chercheur. Il est l'un des premiers à évoquer la question du contre-transfert dans la recherche en sciences humaines. Selon lui :

> Les sciences de l'homme ne seront raisonnablement dignes de confiance que lorsque ceux qui les pratiquent reconnaîtront le rôle que jouent leurs propres angoisses dans l'élaboration de leurs théories et dans leurs travaux en général.
>
> *De l'angoisse à la méthode dans les sciences du comportement*, Paris, Flammarion, 1980.

Son idée est que les données en sciences humaines suscitent une angoisse contre laquelle on se défend par une pseudo-méthodologie inspirée par le contre-transfert ; cet aspect serait responsable de presque tous les défauts dans les sciences du comportement. Plus un phénomène est angoissant, moins on a les capacités à l'observer, à le penser objectivement, à élaborer les méthodes pour le décrire et à contrôler son observation. Le risque est donc de s'accrocher à une méthodologie rigide et à une théorie « idéologique » sécurisante.

Dans le domaine des sciences humaines, on oublie souvent une évidence : l'observateur est membre d'une culture, a une histoire, un vécu, une personnalité, et son matériel d'observation est quelqu'un de très « semblable ». G. Devereux préconise donc une analyse de cette angoisse avec une prise de conscience et un essai de compréhension de l'angoisse dans ces différentes significations. Cette analyse passe d'abord par une analyse de sa place de chercheur et par la définition claire de cette position. Il s'agit là de toute la question du contre-transfert dans la recherche, question qui ne doit pas se poser en termes négatifs ou positifs, le problème étant surtout d'introduire cette difficulté dans la démarche de recherche.

Selon G. Devereux, le contre-transfert dans l'étude des sciences du comportement est constitué de ce qui appartient à :

– l'identité singulière du chercheur (son histoire personnelle, sa personnalité) ;

– l'identité collective du chercheur (ses appartenances sociales et culturelles) ;

– la théorie et l'idéologie du chercheur (ses références théoriques).

Ces différents éléments, s'ils ne sont pas suffisamment analysés, peuvent biaiser l'écoute et les résultats de l'étude. L'idée novatrice de G. Devereux était que non seulement l'histoire personnelle du chercheur peut influencer l'observation, mais que ses normes socioculturelles et sa théorie de référence peuvent aussi masquer les faits d'observation ; dans ce cas, et en d'autres termes, le chercheur trouve ce qu'il s'attend à trouver.

V. ANALYSE DE L'ENTRETIEN CLINIQUE DE RECHERCHE

Un entretien fournit un certain nombre d'informations qu'il faut essayer de décoder et d'analyser. Pour ce faire, il est nécessaire de disposer d'un document écrit, l'idéal étant l'entretien enregistré qui peut se prêter à une analyse scientifique. Toutefois, l'enregistrement pose préalablement une question éthique : le sujet doit être d'accord après avoir été suffisamment éclairé et informé du déroulement de l'étude.

Dans les autres cas, le clinicien chercheur peut prendre des notes pendant l'entretien, mais cette méthode comporte un grand nombre de biais et elle empêche le chercheur d'être complètement disponible à l'expérience du sujet en créant une relation inauthentique. Il peut retranscrire l'entretien immédiatement après, mais là aussi, il peut y avoir un grand nombre d'oublis, de lacunes, de distorsions et de biais liés à la mémoire sélective.

L'entretien peut donner lieu à différents types d'analyse : une analyse clinique qualitative, qui peut être descriptive, ou une analyse effectuée sur le modèle de la pragmatique.

1. Analyse clinique qualitative

Le texte peut être découpé en fonction des thèmes traités par le sujet :

– quels sont les thèmes dominants ? ;

– comment s'associent-ils ? ;

– à quel moment apparaissent-ils ?

On peut analyser la manière dont le sujet s'approprie son discours :

– comment s'exprime-t-il ? ;

– quels sont les liens entre les émotions et les représentations ? ;

– quelle est la qualité associative ?

On peut également prendre en considération la qualité et les modalités des échanges et voir également comment les mécanismes de défense interfèrent avec le discours.

Toutefois, l'analyse clinique et qualitative a été critiquée à un niveau scientifique car trop empreinte de la subjectivité du clinicien. Ainsi des progrès ont-ils été réalisés sur le plan de la recherche, donnant lieu au développement de logiciels informatiques sophistiqués permettant de réaliser des analyses plus précises et portant sur de plus petits indices. C'est le cas de l'*analyse propositionnelle du discours* développée par Rodolphe Ghiglione et Alain Blanchet (1991) : le discours y est découpé en propositions dont on peut ensuite étudier les relations.

L'analyse pourra aussi mettre en évidence les mots outils et les termes qui structurent le récit ainsi que les stratégies argumentatives du sujet.

2. Analyse pragmatique

Dans ce cas, l'analyse porte surtout sur les échanges entre les deux interlocuteurs d'un entretien, l'idée étant que ces derniers échangent des « actes et non des énoncés et que les actes projetés par le locuteur sont la plupart du temps implicites (ou actes indirects) et font l'objet d'une interprétation de l'auditeur » (A. Blanchet, 1997).

Ces analyses quantifiées facilitent évidemment le travail du chercheur, mais elles nécessitent toutefois de bien connaître les théories du discours et leurs liens avec les aspects cliniques et psychopathologiques.

Chapitre 5

Ce qui est mobilisé dans l'entretien clinique

La situation d'entretien est une situation où communiquent au moins deux personnes. Dans ce type d'interaction, on peut aisément objectiver la dimension discursive. En revanche, un certain nombre d'éléments restent moins mesurables, plus subjectifs, parfois imperceptibles, mais ils influencent tout de même la conduite de l'entretien, l'appréhension du sujet et la relation entre le clinicien et le patient. Ces éléments renvoient à des mécanismes psychologiques conscients et inconscients qui sont à l'œuvre à un niveau tant intrasubjectif qu'intersubjectif.

Un certain nombre de ces processus ont été décrits par la psychanalyse comme les notions de demande, de projection, de transfert, d'identification, de défenses ; d'autres concepts comme celui de l'empathie sont surtout issus des travaux psychologiques (C. Rogers, 1966).

I. DEMANDE

Par sa nature même, l'entretien clinique mobilise, de fait, la question fondamentale de la demande. En effet, qui demande quoi et à qui ? Rappelons dès maintenant que c'est Jacques Lacan (1951) qui le premier a développé ce terme de demande et lui a donné une place de concept dans le champ psychanalytique. Ultérieurement, Piera Aulagnier (1986) articulera la demande au processus identificatoire, processus complexe et majeur dans la compréhension de l'économie psychique.

Qui demande ? Quel est l'objet de la demande ? Qui peut recevoir cette demande ? Nous voyons qu'il s'agit là de trois éléments indissociables et interdépendants. Le demandeur vient avec une souffrance, un désir d'être libéré de ses problèmes et il attribue un savoir et un pouvoir à celui qui est en situation professionnelle de répondre à une telle demande. Mais le clinicien n'occupe cette place que parce qu'il y a un demandeur :

> C'est pourquoi la demande se veut non seulement réponse à notre offre mais tout autant offre nous situant en position de demandeur.
>
> P. Aulagnier, *Un interprète en quête de sens*, Paris, Petite bibliothèque Payot, 1986.

Autrement dit, le clinicien se met au service du demandeur. Il propose ses compétences, son savoir faire et une certaine technicité. Mais c'est à travers l'objet de la demande que les deux interlocuteurs se rencontrent. En effet, l'objet ne se définit et ne s'éprouve qu'à travers la réponse du clinicien ; et ce n'est que dans « l'après-coup » que le demandeur identifie plus précisément sa difficulté première à exprimer la singularité de sa demande. C'est ainsi que l'objet proposé par celui qui répond à la demande devient une source d'intérêt et d'identification pour le demandeur. Il peut s'agir, à un premier niveau, de la sérénité éprouvée en situation d'entretien par le sujet. Cette sérénité émanant de la réponse du clinicien au besoin du patient devient alors objet d'identification : « j'aimerai être aussi serein et communiquer une telle sérénité aux autres, comment l'obtenir ? » Dans ce cas, le besoin laisse place au désir d'être « comme le clinicien ».

Quand elle existe – ce qui n'est pas toujours le cas en pratique institutionnelle –, la demande introduit une dynamique évidente dans la rencontre. Si le clinicien fonctionne comme un psychanalyste, alors l'attitude suspensive et de non-réponse à la demande génère une frustration qui fait naître un état de tension. Néanmoins, la satisfaction de la demande apaise cette tension et crée de nouveaux liens entre les sujets ; la situation déclenche alors des réactions diverses, révélatrices de la personnalité et du fonctionnement mental. Elle peut permettre de mesurer le degré de mobilisation du sujet en vue d'une proposition ultérieure de psychothérapie.

Par ailleurs, certains événements, relations, souvenirs, évocations, concentrent des conflits encore vivaces et désagréables. On peut alors observer un glissement progressif où l'intérêt et l'attention se centrent sur un personnage extérieur non présent ou imaginaire, ou encore du passé.

Du côté du patient, il peut s'agir d'une stratégie défensive permettant d'éviter le conflit ou de tout ce qui peut être ressenti comme dangereux alors que, du côté du clinicien, l'intérêt pour ce personnage extérieur est une erreur technique. En oubliant de se recentrer sur la demande du sujet et sur le sujet lui-même, il sert alors la défense. Par exemple, celui qui se présente comme « victime » de son conjoint préfère probablement présenter ce dernier comme le responsable de ses insatisfactions. On reconnaît ici la *projection* (*cf. infra*). Ce procédé dynamique permet au sujet de ne pas reconnaître qu'il y est aussi pour quelque chose.

II. PROJECTION

Comme mécanisme de défense du Moi, la projection se manifeste elle aussi sous différentes formes : projection de soi, de parties de soi, de ses souvenirs, de ses sensations, de ses émotions et de ses angoisses.

La définition figurée de la projection est « mettre au-dehors ». Il s'agit d'un mouvement dynamique qui va du dedans vers le dehors. La localisation *dans l'espace* constitue le soubassement d'un certain nombre de définitions de la projection. Le sujet vit les expériences d'autrui comme similaires aux siennes ou attribue ses propres qualités, sentiments et conduites aux objets du monde externe. En procédant ainsi « inconsciemment », il modifie l'objet, le monde, le dehors. Mais ce processus d'attribution à autrui des particularités propres à soi s'accompagne d'un mouvement de méconnaissance conjointe de ses particularités (qualités, sentiments, désirs).

La projection est un mécanisme de défense contre des *stimuli* internes désagréables contre lesquels le sujet ne peut lutter ; il rejette alors cette partie « mauvaise » hors de lui. L'expérience projective permet de se défendre contre de multiples angoisses.

Le maintien et la spatialisation géographique (au-dehors) de ce qui a été projeté primitivement sont proches du *déplacement*. Le déplacement est-il considéré comme un mécanisme de défense ? L'énergie d'investissement portant sur une représentation se décharge et se déplace sur une autre représentation. Le premier déplacement historique se fait de la mère au jouet, substitut maternel (Anna Freud).

III. TRANSFERT

Les phénomènes de transfert sont observables tout autant chez le patient que chez le clinicien (appelé dans ce cas le *contre-transfert*, *cf. infra*).

La relation qu'un sujet établit avec un autre est fonction :

– en partie de ce qu'est la situation réelle (le contexte de la rencontre) ;

– en partie de ce qu'il est (la structuration de sa personnalité) et de ce qu'il apporte de son histoire, de son organisation mentale et de ses modes de relation passé (son organisation mentale est dynamiquement liée à son histoire).

On appelle transfert une telle transposition dans une relation donnée de modalités relationnelles inconscientes et purement imaginaires, qui dépendent d'expériences infantiles. Dans la relation d'entretien clinique, le transfert joue un rôle très important. Telle personne vivra le clinicien comme un personnage protecteur et tout-puissant alors que tel autre le percevra comme un rival. Il sera attiré par tel type de manière d'être au monde ou par tel type de personnalité, et rebuté par tel autre.

IV. CONTRE-TRANSFERT

1. Définitions

Ce terme désigne l'ensemble des réactions inconscientes du clinicien à l'égard de son interlocuteur et plus particulièrement au transfert de celui-ci. Freud (1913) voyait le contre-transfert comme le résultat de « l'influence du malade sur les sentiments inconscients du médecin » et il pensait que l'analyste « ne va plus loin que ses propres complexes et résistances internes ne lui permettent ». Cela a pour corollaire la nécessité pour l'analyste de se soumettre à une analyse (Jean Laplanche et Jean-Bertrand Pontalis, 1984).

Le contre-transfert comporte deux dimensions :

– l'une est constituée par les réactions inconscientes de l'analyste en référence à sa problématique personnelle, c'est-à-dire que le discours du sujet peut rappeler à l'analyste quelque chose que lui-même a vécu ;

– dans l'autre, le contre-transfert devient un outil diagnostique ; dans ce cas, les réactions contre-transférentielles induites par le sujet chez l'analyste vont aider ce dernier à mieux comprendre son patient.

Ainsi certains patients déclenchent-ils des contre-transferts très spécifiques : par exemple, le sentiment d'ennui et de monotonie que l'on peut ressentir avec les patients dits *psychosomatiques* dont on sait que le discours opératoire renvoie à des difficultés à gérer et à verbaliser les émotions. Cette absence d'émotion produit un discours linéaire, concret et centré sur le réel qui entraîne un sentiment de monotonie et d'ennui chez le clinicien.

Le terme contre-transfert est essentiellement utilisé pour la cure analytique comme une réponse spécifique consciente et inconsciente de l'analyste au transfert que développe son patient. Dans la situation d'entretien clinique, certains préfèrent parler de *contre-attitude* alors que d'autres maintiennent une définition élargie du terme contre-transfert. Il apparaît évident que, face à une personne agressive, le psychologue ne mobilisera pas la même empathie que face à une personne exprimant sa souffrance psychique et manifestant une demande d'aide. Il s'agit d'un mode de réponse interpersonnel dépendant d'une caractéristique de personnalité alors que le contre-transfert de l'analyste au transfert, par exemple maternel, de tel patient correspond à son propre mode de réponse inconscient dans ce que le transfert vient « réveiller » de sa problématique.

Il est important de mettre en évidence et de clarifier certaines manifestations contre-transférentielles qui peuvent influencer le cours de l'entretien.

2. Manifestations contre-transférentielles

• **Anxiété**

Il est important, par exemple, que le clinicien soit calme et serein par rapport aux problèmes d'autrui. Il peut transmettre son anxiété, à partir de comportements non verbaux, au patient qui a besoin au contraire d'une attitude neutre et sécurisante pour résoudre son problème. La question n'est pas tant de cacher cette anxiété mais plutôt d'en comprendre l'origine ; le patient peut évoquer un souvenir douloureux ou traumatique déjà vécu par le clinicien, il importe donc que ce dernier soit au clair par rapport à sa propre problématique et qu'il ait pris de la distance avec ses difficultés passées ou présentes. Ce travail de *prise de distance*, d'*analyse* et de *maîtrise de soi* est nécessaire pour le psychothérapeute qui assez généralement entreprend une formation personnelle (analyse ou autre forme de psychothérapie).

• **Attitude charitable ou superprotectrice**

Le clinicien peut aussi être animé par un fort *désir de réparation, de guérir et de soigner rapidement* ; c'est un désir tout à fait louable basé sur une attitude bienveillante, attitude nécessaire dans le domaine de la clinique et des soins. Toutefois, il faut veiller à ce que cette bienveillance ne soit pas une attitude charitable par rapport à un sujet mis ainsi dans une position inférieure :

– d'une part, l'attitude charitable ne résout rien ; bien au contraire, elle place et fige le sujet dans une situation infantilisante qui ne lui permet pas d'évoluer ;

– d'autre part, l'attitude charitable est à l'inverse d'une dimension éthique qui doit placer le sujet comme un acteur à part entière du processus thérapeutique ; le clinicien doit traiter le sujet dans une dimension respectueuse d'égal à égal.

Les travaux ont montré qu'une attitude superprotectrice est préjudiciable au patient et empêche son autonomisation, ainsi les conseils donnés au patient n'apportent-ils aucune amélioration (Paul Gérin et Alice Dazord, 1995).

- **Agressivité**

Le clinicien est bienveillant dans le sens où il est disponible et à l'écoute du sujet, il utilise donc ses motions tendres pour aider le sujet. Toutefois, cela n'écarte pas le problème de l'agressivité : il faut *supporter l'agressivité* du patient mais aussi supporter sa propre agressivité. Les patients peuvent irriter, mettre mal à l'aise, induire des affects de haine chez le clinicien ; accepter alors sa propre haine, c'est aussi aider le patient à accepter ses propres mouvements agressifs. Là aussi, cela implique chez le clinicien une analyse claire de son agressivité.

- **Fermeté et distance**

Par ailleurs, le cadre thérapeutique n'est pas toujours bienveillant en ce sens qu'il comporte un certain nombre de mesures frustrantes pour le sujet comme, par exemple, le fait de ne pas toujours répondre aux demandes de maternage du sujet ou d'inscrire l'entretien dans une durée limitée, ce qui suppose parfois une certaine fermeté chez le clinicien. Mais, à l'inverse, adopter une technique trop rigide qui méconnaît les besoins du sujet peut aussi poser problème et être ressenti comme agressif. La clinique constitue toujours un *juste milieu*, ni trop loin, ni trop proche, ni trop directif, ni pas assez. Pour atteindre cet équilibre, le psychologue doit prendre conscience de ses attitudes extrêmes et en analyser l'origine pour parvenir à une souplesse dans ses interventions.

- **Préjugés et *a priori***

Dans le contre-transfert du clinicien, il y a également la place que peuvent prendre ses *préjugés*, ses *a priori* par rapport à tel ou patient ; dans certains domaines, ceux-ci peuvent être plus importants s'ils concernent la sphère culturelle, idéologique ou religieuse. Le clinicien vit dans un bain de croyances, de valeurs et de représentations socioculturelles : il peut lui être difficile de mettre de côté ses propres valeurs lorsqu'il rencontre un patient ne partageant pas le même « bain culturel ».

Imaginons un clinicien fermement athée avec un patient très religieux ou encore avec un patient immigré dont il ne comprend pas très bien les valeurs culturelles. Les préjugés peuvent constituer alors une barrière à la relation et à la souffrance profonde du sujet ; ses difficultés les plus intimes ne sont pas perçues parce que le clinicien aura opposé son propre système de valeurs à celui du patient.

C'est dire que, dans l'aspect contre-transférentiel, le clinicien ne doit pas seulement être au clair avec son histoire personnelle mais aussi avec ses références sociales, culturelles, idéologiques et/ou religieuses ; les préjugés culturels doivent être absents dans la relation clinique pour permettre d'appréhender le patient dans sa dimension la plus humaine. Cela nécessite un travail mental propre au clinicien, travail bien souvent long, progressif et élaboratif qui devient alors irremplaçable pour comprendre le fonctionnement du patient.

Le transfert et le contre-transfert existent d'emblée dans la rencontre et introduisent une dynamique, à l'origine d'émotions et de représentations entraînant des attitudes qui, elles-mêmes, déclenchent chez l'autre d'autres représentations et d'autres affects. Cette rencontre est profondément interactive en ce sens que des échanges affectifs multiples et réciproques se déploient, exprimant ainsi des manifestations significatives du fonctionnement mental.

V. EMPATHIE ET IDENTIFICATION

1. Empathie

Le terme empathie peut être défini, ainsi que le propose le dictionnaire de Doron, comme une « intuition de ce qui se passe dans l'autre, sans oublier toutefois qu'on est soi-même, car dans ce cas il s'agirait d'identification ». Pour C. Rogers, l'empathie consiste à saisir, avec autant d'exactitude que possible, les références internes et les composantes émotionnelles d'une autre personne et à les comprendre comme si on était cette autre personne.

Selon D. Widlöcher (D. Widlöcher et M.-C. Hardy-Baylé, 1990), l'empathie est un néologisme d'origine anglaise (*empathy*) et, à l'origine, ce terme servait à définir en esthétique la capacité de comprendre la charge esthétique d'une image en se mettant à la place de l'objet signifié par la métaphore. Puis ce terme a été repris dans le vocabulaire philosophique et psychologique pour décrire cette capacité de comprendre l'état mental d'autrui en s'identifiant transitoirement à lui.

On retrouve deux dimensions dans l'empathie :

– une *dimension cognitive*, où il s'agit de tenter d'appréhender le contexte représentationnel du sujet et de comprendre son point de vue ;

– une *dimension affective*, nécessairement liée à la première, où il s'agit de tenter de se représenter et de ressentir ce que le sujet ressent, sans pour autant partager ses croyances et ses sentiments.

L'empathie représente donc un mécanisme psychologique constitué « d'une oscillation permanente entre la différence et la similitude » (G. Poussin, *op. cit.*). L'empathie n'est pas de la *sympathie*, car il ne s'agit pas de partager un sentiment ou une croyance mais plutôt « de se représenter les sentiments, les désirs et les croyances d'autrui » (D. Widlöcher, 1999).

On a déjà vu que C. Rogers faisait de la notion d'empathie le pivot de la thérapie dans le cadre d'une conception humaniste de la psychologie. L'empathie est liée chez lui à la notion de *compréhension*. Comprendre l'autre n'est pas chose aisée pour C. Rogers (1966) selon qui notre première réaction à l'écoute de quelqu'un est de porter une évaluation, un jugement, plutôt que d'effectuer un effort de compréhension du sens véhiculé par ses paroles (par exemple, « c'est juste », « c'est stupide », « c'est anormal », « ce n'est pas raisonnable », « c'est faux », « ce n'est pas bien »). À quoi lier cette attitude spontanée ? Pour C. Rogers, comprendre comporte un risque, la peur du changement :

> Si je comprends réellement une personne, si je rentre dans son cadre de référence, il se peut que cette compréhension me fasse changer.
>
> *Le Développement de la personne*, *op. cit.*, 1966.

Mais cette expérience peut, si l'on accepte son propre changement, être enrichissante et constituer une aide au changement chez le sujet.

Le terme empathie est surtout utilisé en psychologie et assez peu par les psychanalystes, sauf ces dernières années où il semble connaître un regain d'intérêt (Serge Lebovici, 1994 ; D. Widlöcher, 1999).

2. Identification

Chez Freud, la notion d'empathie était liée à l'identification :

> Ce que nous enseignent ces trois sources, nous pouvons le résulter comme suit : premièrement, l'identification est la forme la plus originaire du lien affectif à un objet ; deuxièmement, par voie régressive, elle devient le substitut d'un lien objectal libidinal, en quelque sorte par introjection de l'objet dans le moi ; et troisièmement, elle peut naître chaque fois qu'est perçue à nouveau une certaine communauté avec une personne qui n'est pas objet des pulsions sexuelles. Plus cette communauté est significative, plus cette identification partielle doit pouvoir réussir et correspondre ainsi au début d'un nouveau lien.
>
> S. Freud (1921), « Psychologie des foules et analyse du moi », *in Essais de psychanalyse*, Paris, Payot, 1985.

Et plus loin, il rajoute :

> Un autre pressentiment nous porte à dire que nous sommes bien loin d'avoir épuisé le problème de l'identification et que nous nous trouvons devant le processus appelé empathie par la psychologie, qui prend la plus grande part à notre compréhension de ce qu'il y a d'étranger à notre moi chez d'autres personnes [...] Partant de l'identification une voie mène, par l'imitation, à l'empathie, c'est-à-dire à la compréhension du mécanisme qui seule nous rend possible toute prise de position à l'égard d'une autre vie psychique.
>
> *Ibid.*

Selon S. Lebovici, dans les traductions des travaux psychanalytiques allemands, le terme empathie s'oppose à *insight*, équivalent de l'allemand *einsicht* (« voir en dedans ») et vient lui-même du terme allemand *einfühlung* :

> Autrement dit, il s'agit d'opposer « voir ou comprendre dedans » à « sentir au-dedans » [...] Tout se passe donc comme si l'empathie contre-transférentielle pouvait être comprise comme une compréhension purement affective, très proche de ce que Freud a appelé les identifications primaires, celles qui se produisent avant toute perception.
>
> « Empathie et *enactment* dans le travail de contre-transfert », *Revue française de psychanalyse*, LVIII, numéro spécial, 1994.

Selon D. Widlöcher, il s'agit de préciser les mécanismes psychologiques sous-jacents à l'empathie qui doit être considérée comme un processus de communication dont il s'agit de préciser les mécanismes :

> Pour entrer dans les sentiments de l'autre sans être impliqué émotionnellement, pour reprendre la définition de Greenson, il nous faut imaginer que nous sommes à la place de l'autre. Il s'agit d'une identification partielle et temporaire.
>
> « Affect et empathie », *Revue française de psychanalyse*, LXIII, 1999.

Cette construction imaginaire d'autrui nécessite la mise en actes de processus inférentiels :

> C'est parce que je peux me représenter l'univers contextuel dans lequel se développe la pensée, consciente ou inconsciente, d'autrui que je peux m'identifier à lui.
>
> *Ibid.*

Dans l'identification, il s'agit donc de se laisser aller à sentir ce que pense le sujet. Mais il ne s'agit pas d'une identification active du type « Que ferais-je à sa place ? », ainsi que le souligne Béatrice Marbeau-Cleirens (1983), mais plutôt d'une tentative de « ressentir intuitivement sa sensibilité », c'est-à-dire d'imaginer « Que pourrais-je faire si j'étais lui pour résoudre ce problème ? »

L'identification du clinicien favorise également un mouvement psychique d'identification chez le sujet, générée par l'attitude du psychologue qui écoute de manière décentrée et empathique. Une telle attitude incite le patient à désirer (par identification) le calme, à apprécier l'interrogation positive centrée sur soi, le mouvement d'intériorité bénéfique ressenti dans ce contact, ce temps de répit et de repos par rapport aux relations sociales bruyantes et assourdissantes et surtout cette liberté d'expression et de pensée qui lui est laissée.

Il reste sans doute à analyser davantage ce processus de communication qu'est l'empathie et qui semble constituer l'un des critères de réussite de la psychothérapie ; en effet, les travaux montrent que ce sont les patients ayant ressenti leur thérapeute comme chaleureux et proche de leurs préoccupations qui connaissent les améliorations les plus nettes (P. Gérin et A. Dazord, *op. cit.*).

Chapitre 6

Entretien clinique et âge de la vie

I. AVEC LE BÉBÉ ET SES PARENTS

Le bébé n'existe que dans le contexte de la dyade mère-enfant et rappelons que, pour D. Winnicott, « un bébé seul ça n'existe pas ». On ne peut donc concevoir un entretien sans les parents, d'autant que les désordres liés aux dysharmonies interactives parents-enfant sont particulièrement mobilisables à cet âge du côté de l'enfant comme du côté des parents en fonction des aménagements psychiques que la venue du bébé nécessite : processus de parentalisation, « transparence psychique » (Monique Byslowski, 1996), réveil de l'Œdipe parental, etc.

Mais, plus encore, l'expérience des consultations et des thérapies mères-enfants rend compte du fait que les troubles se situent non pas chez les parents ni chez les enfants mais dans leur relation, dans leurs interactions, dans leurs liens fantasmatiques. La « crise » favorise les capacités de changement. Des auteurs comme D. Winnicott (1969) et S. Lebovici (1983, 1989, 1992) l'ont particulièrement bien théorisé : ces capacités génèrent la possibilité de lier ce qui se passe au niveau du psychisme parental avec ce qui se joue dans l'interaction avec le bébé. Plus l'enfant est jeune, plus il « force » l'inflation de projections chez les parents qui introduisent du sens sur cet enfant « énigmatique » à qui ils vont « nécessairement » prêter des intentions pour le comprendre. Ainsi, les parents donnent des soins en éprouvant et en fantasmant.

L'entretien est indiqué pour un grand nombre de troubles non structurés chez l'enfant et surtout quand ils répondent à une situation des parents dont l'anxiété et/ou la dépression n'expriment pas une pathologie lourde. Les parents consultent pour des troubles fonctionnels qui perturbent la vie familiale. Il s'agit surtout de troubles du sommeil ou de l'endormissement : liés à la capacité de l'enfant à organiser des projections phobiques pour parer à l'angoisse de séparation ou/et ensuite de castration, ces troubles comportent donc des bénéfices secondaires, en particulier celui d'aller dans le lit des parents et d'empêcher leurs relations nocturnes.

Les troubles de l'appétit, du sommeil, l'anxiété ou la dépression du bébé s'expriment à travers la dysharmonie interactive comportementale, affective et fantasmatique. La dépression et l'anxiété parentales, la crainte de ne pas savoir élever le bébé transforment vite un entretien clinique en « consultation thérapeutique » (S. Lebovici, 1983). Dès les premiers contacts, il importe de donner la parole aux parents sur le symptôme qui les préoccupe, de les inviter à décrire ce qu'ils observent de son mode d'installation et ce qu'ils en comprennent. De la même façon, l'entretien doit encourager les narrations parentales sur leur propre histoire à travers l'*arbre de vie* (*cf.* chapitre 8). Les conflits infantiles parentaux conditionnent la formation de l'identité et les particularités identificatoires de l'enfant. Le désinvestissement des parents met le bébé en situation à haut risque psychopathologique dans la mesure où il doit déployer un travail fastidieux pour, malgré tout, de se sentir exister.

La théorie psychanalytique sert toujours de base, de support aux divers aménagements que nécessite la situation d'entretien à quatre ou à trois. Les interactions intrafamiliales et les relations intersubjectives s'y déroulent dans un *bain d'affects* où les projections sur le bébé permettent de reconnaître ou d'émettre des hypothèses sur la place fantasmatique qu'il occupe dans la psyché de la mère et du père. Si bien que l'interdépendance étroite entre le symptôme de l'enfant et l'investissement des parents peut être plus facilement questionné et mis au travail dans un but thérapeutique.

Les troubles fonctionnels et les troubles du comportement de l'enfant très jeune expriment souvent avec force les particularités des projections de ses parents. L'enfant ne peut que les subir mais il s'en « accommode » en produisant des symptômes. Le but des consultations thérapeutiques est de « donner sens » au conflit inconscient majeur mobilisé par des projections parfois massives, en les verbalisant, voire en les interprétant comme en thérapie. Pour opérer de cette façon et avec ce modèle théorique, le psychologue a besoin de disposer d'une large expérience clinique psychanalytique. Les consultations thérapeutiques père-mère-bébé donnent de bons résultats (disparition ou sédation des symptômes, meilleure sensibilité et disponibilité maternelle, changement dans la nature de la relation) et sont un puissant moyen préventif des pathologies mentales.

II. AVEC L'ENFANT

La conduite d'entretien avec un enfant et sa famille est particulièrement difficile et nécessite une longue expérience pratique. Une connaissance approfondie du normal et du pathologique chez l'enfant est impérative ainsi qu'une expérience solide dans la manière de communiquer avec l'enfant. Celle-ci diffère de celle communément utilisée avec l'adulte dans laquelle le langage direct est le mode d'échange prioritaire.

Avec l'enfant, l'introduction d'objets médiateurs est nécessaire : il s'agit essentiellement du jeu, du dessin, du scénario psychodramatique, mais parfois aussi de l'échange strictement verbal. Plus l'enfant est jeune, et plus le clinicien doit user d'objets intermédiaires. Il y a lieu également de s'adresser à l'enfant avec des mots simples, souvent répétés, et de son niveau d'âge.

Comme il a déjà été indiqué plus haut, l'entretien clinique est centré sur le cas individuel et ici il vise la *compréhension* de l'enfant souffrant :

– en situation interactive réelle avec un autre (le consultant), non connu de lui ;

– mais aussi face à des situations imaginaires à travers des scénarios ludiques que propose la situation de rencontre avec l'enfant.

Cette approche nécessairement phénoménologique a pour objectif de comprendre le sens du symptôme, sa charge affective, sa place dans l'histoire du sujet, du contexte familial, social et psychologique. Le psychologue doit analyser les symptômes recueillis afin d'éviter de mettre sur le même plan les phénomènes perceptifs objectifs, les réactions vécues par l'observateur, les modes d'être de l'enfant, l'interprétation donnée par l'observateur et celle fournie par les parents.

Mais, avant d'aller plus loin, indiquons que la demande de consultation pour l'enfant est fréquemment (mais pas toujours) vécue par les parents comme un échec. Ils ressentent méfiance et culpabilité vis-à-vis de leur démarche et vis-à-vis du clinicien. Leur ambivalence s'explique par la difficulté qu'ils éprouvent à concevoir qu'un autre (un inconnu) puisse aider leur enfant alors qu'il ne le connaît pas. Ils font pourtant appel à un professionnel mais préfèrent nier cette situation dans la mesure où cela les renvoie trop à eux-mêmes (« Je suis un mauvais parent puisque mon enfant ne va pas bien ») mais aussi à leurs propres parents et ainsi aux conflits qu'ils ont eux-mêmes vécus auparavant.

Il importe d'en tenir compte et de savoir rencontrer les parents et l'enfant avec gravité et beaucoup d'intérêt et laisser à chacun la possibilité de s'exprimer sur ce qu'il a à dire. Recevoir et entendre leurs préoccupations et angoisses leur donne alors le sentiment de ne pas « être fou ». Lorsqu'une part de leur réalité psychique a ainsi été entendue et reconnue, ils peuvent plus facilement développer les zones douloureuses de leur histoire. Cela rassure et permet souvent de continuer de cheminer avec eux dans une compréhension plus profonde de leurs conflits. Les consultations ont besoin de s'étaler sur plusieurs séances en dédramatisant et en prenant le temps d'écouter et de penser ensemble sur ce que cette situation bouleverse chez chacun.

1. Particularités de la psychopathologie infantile

Chez l'enfant, un certain nombre de problèmes sont posés. Les systèmes de classification sont nombreux, du fait qu'ils sont issus de perspectives différentes : d'assistance, de critères moraux. De cette confusion entre les plans symptomatique, structural et étiologique résultent des problèmes de classification, bien spécifiques lorsqu'il s'agit de psychopathologie infantile.

La tendance est de se référer à des modèles de psychopathologie adulte comme, historiquement, les études tentaient de rapprocher des tableaux cliniques infantiles avec ceux d'adultes où l'application de découvertes analytiques effectuées sur des adultes était tentée vers des enfants. La tentation est d'autant plus grande que l'observateur est lui-même un adulte.

La difficulté consiste à reconnaître la pathologie comme telle, la consultation étant, en général, motivée par un trouble de la conduite ou du comportement gênant l'entourage sans l'être pour l'enfant lui-même. Si l'on ne retient que cet aspect extérieur, on valorise la notion d'adaptation sociale et le phénomène pathologique n'est plus considéré. Le plus souvent, les difficultés sont liées à la nature des relations de l'enfant à son milieu : l'entourage parle de conflit avec la petite sœur, avec l'institutrice, avec le voisin, etc.

La pathologie ne peut se comprendre que par rapport à un développement, parce que chaque enfant a un style de croissance propre, et parce que le développement est influencé par des facteurs neurobiologiques, psycho-affectifs et sociaux divers. Ils sont invoqués par l'entourage soit à titre explicatif, soit à titre défensif parce qu'il peut y avoir des retards, des fixations qui posent le problème du normal ou non, et parce que le développement ne se fait pas de façon synchrone comme nous l'avons déjà évoqué (sur le plan affectif, physique, cognitivo-intellectuel et social), ou parce qu'il existe des tensions et des conflits liés au développement (les phobies sont banales à 3 ans).

La symptomatologie varie avec l'âge, un même conflit névrotique peut correspondre à deux moments différents à une phobie puis à une obsession parce que l'extérieur peut amener l'enfant à changer de symptôme tout en répondant à un seul trouble (les symptômes sont plus labiles que chez l'adulte). La pathologie de l'enfant ne peut pas être isolée du milieu.

2. Exemple du jeu comme mode de relation à l'enfant

Le jeu enfantin correspond souvent à la mise en scène d'un drame où le désir de l'enfant transparaît à travers les processus actuels de défense du Moi. Mais il importe de considérer que l'expérience ludique *hic et nunc* de l'enfant est mixée d'une « histoire fantasmatique » qui se déroule dans une relation avec l'autre et comme accomplissement d'un désir. Elle mobilise le jeu défensif qui, mis en scène, peut être compris et interprété. Si un enfant s'exprime en présence du clinicien en disant « un loup, ça n'existe pas... On va jouer à n'avoir peur de rien » (Philippe Gutton, 1970), il indique par cette chaîne associative qu'il en a peur.

Mais le jeu est aussi un moyen de nier le dialogue avec le clinicien et peut lui-même devenir un procédé défensif. L'enfant joue alors pour « ne pas être avec » le clinicien, pour maîtriser l'angoisse que sa présence déclenche et pour ne pas parler de lui. La verbalisation de ce phénomène à l'enfant réajuste bien souvent la situation.

N'oublions pas non plus que le jeu est une activité de plaisir qui permet à l'enfant de maîtriser des impressions et des événements au lieu de les subir. Comme l'exprime P. Gutton (*op. cit.*), il transforme « une séquence passivement subie de façon désagréable... en séquences de plaisir répétées ». Cela montre sa grande valeur symbolisante et thérapeutique.

III. AVEC L'ADOLESCENT

La qualité du « contact » lors des premiers entretiens avec un adolescent est fondamentale dans la mesure où elle peut faciliter la solidité et la qualité de la relation thérapeutique future. Ouvert, accueillant, souple, le clinicien doit inviter à la rencontre tout en laissant l'adolescent régler la distance relationnelle en toute liberté. Il doit surtout sentir que ce mouvement psychique est naturel et réellement authentique, la rencontre intersubjective n'étant franchement opérante que lorsqu'elle émane d'un sujet dont la psyché a un minimum de cohérence interne. Cela d'autant que la relation transféro-contre-transférentielle peut être massive, très investie aussi bien dans des mouvements de haine que d'amour.

Les premiers entretiens peuvent aussi avoir une valeur thérapeutique. L'adolescent fait déjà l'expérience que quelqu'un peut l'écouter, puis peut l'écouter pour lui-même, mais aussi que ce qu'il raconte de sa vie, de ses doutes, de ses angoisses est pris au sérieux. L'entretien avec le psychologue lui permet ainsi de ne plus se sentir seul, et surtout d'avoir moins honte de ses ressentis et de ses pensées. Si cette expérience est *en rupture* (relation non symétrique) avec ce qu'il connaît et avec ce qu'il a auparavant expérimenté de sa relation avec les adultes, un réaménagement intrapsychique, relationnel et intrafamilial peut être facilité.

Là encore, comme pour le bébé et l'enfant, ces « consultations thérapeutiques » (D. Winnicott, 1969) ne sont véritablement possibles que si une « alliance de travail » existe avec l'adolescent et ses parents et si le symptôme présent n'est pas surdéterminé. Par exemple, la capacité de l'adolescent à s'intéresser à son monde psychique interne, sa capacité à accepter l'origine intrapsychique de ses difficultés et la mobilisation réelle de ses parents pour l'aider en acceptant les entretiens seront déterminants.

Par ailleurs, la particularité du travail avec l'adolescent est qu'une relation assez semblable à celle de l'adulte s'établit alors qu'il est néanmoins dépendant de ses parents. Cela va avoir des incidences au plan pratique. C'est ainsi qu'il est préférable que le premier entretien ait lieu avec l'adolescent seul et de ne rencontrer les parents qu'après. Il importe de lui préciser que nous avons, dans un premier temps, besoin de connaître ses parents, d'avoir leur point de vue sur sa situation, de savoir comment ils comprennent et perçoivent ses soucis. Cette procédure de travail permet aussi de différencier les projections parentales et celles de l'adolescent. La relation de confiance avec le psychologue est fondamentale ; ce dernier doit l'assurer de la confidentialité des informations échangées, de ne rencontrer ses parents qu'en sa présence, et de l'informer de tout échange entre eux et lui.

Lorsque la psychopathologie de l'adolescent est importante ou/et lorsqu'il s'agit d'un problème complexe de la configuration familiale avec une intrication de troubles psychopathologiques anciens d'un ou plusieurs membres autres que l'adolescent, le clinicien ne doit surtout pas hésiter à se faire aider par des collègues. Ces derniers pourront prendre en charge un parent ou le couple au besoin. Dans le cas où l'adolescent présente une organisation psychopathologique serrée et grave, il importe d'en rendre compte à l'adolescent lui-même et à ses parents afin de proposer le traitement le plus adéquat. L'évaluation de la qualité des interrelations familiales et sociales permet une meilleure compréhension de la psychopathologie ; c'est ainsi qu'à côté de l'analyse du fonctionnement psychique, le travail du clinicien est aussi de relier ce fonctionnement aux interactions familiales.

La dynamique du premier entretien dépend de la nature du contact avec l'adolescent et du type d'interactions familiales, mais le caractère d'urgence (crise aiguë) ne permet pas toujours de saisir si une mobilisation de l'adolescent et de sa famille est possible. Il est préférable d'utiliser les entretiens suivants pour aborder les relations avec les parents, les frères et sœurs, les grands-parents, les événements marquants éventuellement à travers le *génogramme dynamique* ou *arbre de vie* (*cf.* chapitre 8).

Certains entretiens peuvent prendre une valeur thérapeutique quand ils donnent « sens » au conflit interactif actuel. Par exemple, la compréhension empathique qui se développe entre l'adolescent et ses parents au fur et à mesure que ces derniers évoquent les difficultés (éventuellement assez semblables à celles de leur enfant) qu'ils rencontraient à l'adolescence avec leurs propres parents.

Au total, retenons la grande prudence et clairvoyance que le clinicien doit adopter en situation d'entretien avec l'adolescent ainsi que l'utilité de confronter ses pensées et sentiments à ceux de ses collègues afin de trouver la juste mesure dans l'appréciation des éléments objectifs et subjectifs du cas.

IV. AVEC L'ADULTE

L'adulte peut plus facilement que l'enfant formuler une demande explicite. Mais la psychanalyse a montré le jeu subtil et inconscient de masquage du désir et les mécanismes de défense qui œuvrent dans ce but, si bien que derrière cette demande « rationalisée » trouvons-nous souvent des conflits d'ambivalence et des désirs inavouables. Nous pouvons toutefois différencier :

– les cas où la demande a besoin d'être clarifiée sans qu'il y ait une surdétermination psychologique particulière (cas où c'est l'entourage familial qui fait souffrir, un conjoint souffrant de névrose de caractère, par exemple, ou franchement paranoïaque) ;

– et ceux qui expriment l'épaisseur de troubles de la série névrotique de nature véritablement intrapsychique.

De toute manière, la demande a besoin d'être clarifiée et le psychologue *soutient* la relation établie avec le patient. Notons que l'entretien est un échange de paroles avec une ou plusieurs personnes, que le terme vient d'« entretenir », qui signifie « faire durer, faire persévérer, maintenir, prolonger, alimenter ». Il s'agit là de la *dimension suspensive* de l'écoute dont nous avons déjà parlé.

Le courant de la psychologie existentielle, se ralliant au mouvement de la psychologie humaniste (C. Rogers, 1966, 1971), a particulièrement réfléchi sur la technique d'entretien avec l'adulte. Il considère qu'il faut comprendre le problème tel que le patient l'éprouve. Cette attitude implique un intérêt et une disponibilité vis-à-vis de l'autre sans préjugé ni *a priori* d'aucune sorte. Il s'agit d'une manière d'être et de faire qui soit un encouragement continu à l'expression spontanée d'autrui et qui passe par :

– une attitude de *non-jugement*, qui permettant de recevoir, d'accueillir sans critique ni culpabilisation ni conseil ;

– une *non-directivité*, qui signifie l'absence de présupposé à chercher ou à vérifier ; la personne a l'initiative complète dans sa présentation du problème et dans son itinéraire ;

– une *intention authentique de comprendre autrui* dans sa propre langue, de penser dans ses termes, de découvrir son univers subjectif, c'est-à-dire de saisir les significations que la situation a pour le client ;

– un *effort continu* pour rester objectif et pour contrôler tout au long de l'entretien ce qui se passe.

Du côté du clinicien, cela demande donc un effort de décentration par rapport à soi pour entrer dans l'univers de l'autre et le comprendre empathiquement. Le but est de clarifier, d'acquérir une expérience nouvelle, de changer les significations de son univers vécu, de résoudre des conflits intérieurs et les problèmes situationnels. Quand le Moi, tout en ayant une certaine capacité de réflexion et de communication, éprouve à un degré variable son impuissance à comprendre et à se comprendre, à faire face, à « s'en sortir », le risque majeur est d'interpréter, de comprendre à côté, de projeter l'implication affective personnelle dans la situation. Les conséquences en sont le biais de la subjectivité, où l'on donne des significations personnelles, des distorsions du réel, des déformations professionnelles, l'intervention de significations intellectuelles, de la résonance émotionnelle, du désir sur l'autre, voire la non-disponibilité.

Les états affectifs s'offrent à notre perception (sourire, colère, agacement, exaspération, angoisse, peur, trac, déplaisir, plaisir-satisfaction, honte, chagrin). Il est important de s'observer soi-même pour ne pas projeter ses opinions, son vécu, ses croyances, son système de valeurs, et pour saisir ce qui, dans les réactions de sujet, est produit, consciemment ou non, par le sens que le sujet attribue aux gestes et aux paroles du clinicien. Sur ce plan, l'observation de l'évolution de la situation relationnelle elle-même, ici et maintenant, nécessite une *décentration* : saisir le vécu d'autrui. Toute situation de communication implique des communications verbales (langage) et non verbales (ton, mimiques, postures), mais il existe une asymétrie fondamentale dans la situation d'entretien clinique qui correspond, d'un côté, à un effort pour écouter et comprendre et, de l'autre, à un effort de formulation et de clarification du sujet sur lui-même. Il faut prendre en compte le temps, l'espace, le cadre, l'âge, le sexe, l'idée que chacun s'est faite à l'avance de l'entretien, les réactions affectives immédiates, etc.

L'effort du clinicien est également un effort de *centration* qui suppose une attitude d'accueil, de réceptivité, invitant à se mettre à l'aise, et qui s'oppose à une posture d'*initiative* qui mettrait la personne dans l'obligation de répondre aux questions et de réagir. La centration s'effectue sur ce qui est vécu par la personne et non sur les faits évoqués, sur les événements eux-mêmes. Ainsi le clinicien s'intéressera-t-il à la personne du sujet et non au problème lui-même. Respecter le sujet et lui manifester une considération réelle au lieu d'essayer de lui démontrer la pertinence de ses propos (attitude d'hyper-intellectualisation), lui permettre d'expérimenter réellement que l'on respecte sa façon de vivre, de comprendre, de sentir : l'attitude d'écoute suppose la facilitation de la communication et de l'expression émotionnelle. Si l'attitude visible du clinicien lors de l'entretien est importante, ses pensées donc ses conduites internes non visibles sont fondamentales. L'attitude externe est facilitatrice, elle doit favoriser des formulations toujours plus explicites avec une centration sur le vécu et la personne.

Mais considérons que l'absence de clarification dès le départ risque d'engendrer une situation paradoxale, ambiguë, qui aura des répercussions négatives ultérieurement. Elle n'aura pas permis au sujet de se déterminer face à ce qui lui est proposé.

L'*écoute* suppose un nécessaire *renoncement à parler*, à se justifier, à expliquer, à convaincre, à répondre. Il s'agit là d'un acte de décentration (sortir de soi), de différentiation, d'intentionnalité (se mettre à disposition), de proximité et conjointement de distance. Répondre à l'autre, c'est parler et stopper ainsi le processus d'écoute alors qu'il s'agit d'entendre le sujet dans sa propre langue, de l'amener à se dire, à exprimer sa perception de la réalité, à partager son vécu, à informer sans prendre le risque de déranger.

Le clinicien qui ne dit pas n'est pas dans le *non-dit*. En effet, le non-dit est su sans l'être – il est d'ailleurs parfois énoncé dans un dit imprévisible comme Freud nous l'enseigne quand il parle des formations de l'inconscient (lapsus, acte manqué, etc.), tandis que *ne pas dire* dans le cadre de la « neutralité bienveillante » est un acte d'affirmation et aussi de clôture par rapport aux propos de l'autre. Cela renvoie à une pensée suspensive qui renvoie elle-même à l'implicite : le patient, c'est celui qui souffre et demande d'être soulagé. Mais le conseil n'implique pas nécessairement une souffrance.

Si l'asymétrie est plus importante dans la relation avec un adulte, n'oublions pas que c'est aussi parce qu'elle vient de la demande : le sujet se sent mal à l'aise, mais il ne pourra résoudre son ou ses problèmes de vie sans changer lui-même. Or, le plus souvent, il recherche une solution miraculeuse sans prix à payer pour le changement, c'est-à-dire le travail à faire sur soi-même et le renoncement aux bénéfices secondaires des symptômes. De ce fait, il rencontre le clinicien avec des sentiments variant d'un extrême à l'autre (de la confiance et du désir de parvenir à communiquer de façon authentique à la méfiance et au désir de se dérober à la communication). Si l'asymétrie est souvent ressentie péniblement par le patient, c'est parce que le clinicien ne répond pas comme un ami faisant à son tour des confidences. L'image qu'a le patient du psychologue comporte souvent peu d'informations objectives et est surchargée de représentations imaginaires qui prennent leurs racines dans l'ensemble de sa personne, dans son histoire, qui constituent ce que la psychanalyse a appelé des *déplacements transférentiels*.

Le clinicien doit travailler sur lui-même pour aider son patient : l'utilisation de ses connaissances n'est pas suffisante, il doit travailler avec son appareil psychique, sa psyché, son fonctionnement mental, sa capacité de ressentir, de comprendre et d'élaborer. Il est présent par sa neutralité bienveillante, mais absent autant que faire se peut de sa problématique personnelle. Le but fondamental est de laisser parler le sujet « pour qu'il dise ce qu'il a à dire, ce qu'il veut dire, ce qu'il peut dire » (C. Chiland, 1983). Cette liberté de parole qu'on s'efforce de lui donner, il en fait un usage limité par ses réticences conscientes ou ses résistances inconscientes. Le clinicien ne doit pas entraver la parole mais la faciliter. Cela suppose qu'il n'ait pas de curiosité intempestive parce que ce qui importe n'est pas tellement ce qui est dit mais plutôt le moment où c'est dit et la manière dont c'est dit. Par conséquent, il ne doit pas avoir de hâte à communiquer ce qu'il comprend dans la mesure où l'important est de le communiquer au moment profitable pour le client. Il faut que le patient puisse apporter ce qu'il nous dit sans que l'estime de soi, la cohérence, l'unité et la continuité de soi soient remises trop brutalement en cause, sans que ses relations avec ses objets d'amour soient trop brutalement modifiées. S'il vit ce qu'il dit comme un aveu, trop de culpabilité ou trop de honte mobilisées feront de cet entretien une rencontre traumatique et il fuira. Il est donc souhaitable qu'il ne dise que ce qu'il peut supporter de dire et ce, avec bénéfice.

V. AVEC LA PERSONNE ÂGÉE

L'entretien clinique avec la personne âgée montre régulièrement que les conceptions, croyances et perceptions du psychologue sont à la source de sa capacité à entendre et à être réceptif à la dimension subjective. Par exemple, il ne s'agit pas de vouloir expliquer les difficultés rencontrées par l'âge de la personne, élément apparemment évident mais particulièrement trompeur. Dès lors, il s'agit de concevoir que nous sommes face à une personne avec un appareil psychique qui a une histoire et qui est organisé de façon singulière :

– en se méfiant de ses propres projections et croyances relatives à la vieillesse ;

– en étant disponible pour l'inattendu toujours possible ;

– en accueillant le nouveau comme en toute situation interhumaine de découverte de l'autre.

Bien souvent, l'atteinte narcissique est de taille et interfère avec un changement possible (crainte de ne pas être capable, crainte de se sentir diminué sans possibilité d'amélioration, etc.). Il s'agit alors d'éviter de se mettre systématiquement dans une position de « maternage » et/ou de ne considérer que le seul aspect médical. L'entretien s'effectue à l'hôpital ou à domicile, plus rarement en clientèle privée. S'il se déroule dans le cadre hospitalier (de loin le plus fréquent), la personne a souvent un vécu non exprimé de rejet de la famille entraînant un repli sur soi qui se manifeste par un isolement vis-à-vis des autres. Elle est angoissée par le doute provoqué par ses possibilités de changement, de mobilité par exemple. Une telle situation peut provoquer agressivité, menaces, conflit, d'autant qu'il y a souvent un écart entre le désir et la réalité imposée par la prise en charge.

Face à cela, c'est bien souvent la *qualité de l'écoute* associée à des objectifs clairs et déterminés qui rassure et dédramatise la perception de la situation actuelle. L'écoute accordée au corps, aux relations avec les membres investis de la famille mais aussi à l'histoire infantile favorise ce mouvement de récupération narcissique.

Chapitre 7

Entretien, personnalité et intersubjectivité

I. PERSONNALITÉ ET ENTRETIEN CLINIQUE

Le déroulement de l'entretien clinique se trouve fortement influencé par le type de personnalité en jeu et ce, qu'il s'agisse d'une personnalité pathologique ou même seulement de traits. Évidemment, quand il s'agit d'une *personnalité pathologique*, la forme de l'échange peut prendre un caractère très marqué alors que les *traits de personnalité* seront des éléments moins perturbateurs, venant infiltrer le mode de pensée, la qualité de la relation et le vécu du clinicien. Par ailleurs, les contenus de pensée ou les représentations, appelées aussi *fantasmes*, sont des formations psychiques plus ou moins contrôlées par le sujet qui sont significatives de sa personnalité.

C'est ainsi que le travail clinique en psychopathologie implique deux points majeurs : il est fondamental que le clinicien ait, d'une part, une connaissance des organisations psychiques normales et pathologiques, et qu'il prenne en compte, d'autre part, le fait que la personnalité pathologique mobilise et oriente l'entretien de façon spécifique. Le trouble va correspondre à un fonctionnement régulier où les traits ont une expression de « rigidité », d'« inadaptation » et sont « responsables soit d'une altération significative du fonctionnement, soit d'une souffrance subjective » (*DSM IV*, 1998). Nous donnerons ici quelques indications permettant d'illustrer ce point de vue.

1. Influence du type de trouble de la personnalité

• Avec la personnalité paranoïaque

L'entretien est rendu difficile dans la mesure où la personne interprète sans tenir compte du contexte dans lequel l'action rapportée fut réalisée. Elle doute sans justification aucune de la loyauté de son entourage ; fréquemment jalouse, soupçonneuse et dédaigneuse, elle est constamment en alerte, méfiante, sur ses gardes, et tente de trouver une confirmation de ses soupçons dans la réalité. L'entretien risque d'être tendu car la personne est peu disposée à prendre en compte le point de vue de l'autre et peu encline à accepter la critique centrée sur elle ; elle reste froide, distante, rigide.

• Avec la personnalité schizotypique et la personnalité schizoïde

La première montrera une singularité de la pensée avec des croyances, des pensées persécutives, des croyances bizarres, alors que l'indifférence aux relations sociales et la restriction affective infiltreront la seconde. Dans ce cas, le contact est froid, pauvre, peu vivant, et le clinicien peu expérimenté risque de ressentir un sentiment désagréable de solitude et d'absence de contact.

• Avec l'histrionique

L'amplitude des réponses émotionnelles, la quête d'attention excessive, la recherche constante de réassurance et d'éloges facilitent l'échange mais le sujet est envahissant, excessif, égocentrique. Il reste très animé, influençable, intuitif, impressionnable, vif, sans authenticité, et il est mal à l'aise quand il n'est pas au centre de l'attention d'autrui ; il dramatise et montre peu de tolérance à la frustration. Le clinicien peut ici se laisser entraîner à ne pas respecter les consignes de temps imparti, se trouver lui-même débordé par la quête excessive et parfois sans limites du sujet qui tolère peu qu'on le ramène à la réalité.

• Avec le narcissique

Fonctionnant de façon grandiose en se surestimant tout en manquant d'empathie, le narcissique a une sensibilité exagérée au jugement des autres. La conduite d'entretien doit respecter d'autant plus les règles de centration sur le sujet, d'écoute empathique, mais aussi de clarification régulière des situations interpersonnelles rapportées.

- **Avec la personnalité limite**

Il en va de même avec ce type de trouble car l'instabilité de l'image de soi, des relations interpersonnelles, de l'humeur, et l'incertitude par rapport à soi-même risquent de produire des moments de flottement de la situation d'entretien.

- **Avec la personnalité dépendante**

Son mode général de comportement dépendant et soumis – puisqu'elle est incapable de prendre des décisions dans la vie sans être conseillée ou rassurée de manière excessive par autrui – peut mobiliser des contre-attitudes d'irritation, d'énervement et d'agacement.

- **Avec la personnalité obsessionnelle-compulsive**

Avec son perfectionnisme et sa rigidité, elle recherche avec acharnement la perfection. Mais comme le sujet insiste avec obstination et absurdité pour que les autres se conforment à sa propre façon de faire, le psychologue a vite le sentiment d'être pris dans un système impénétrable et peu ébranlable, où l'activité associative est restreinte car très contrôlée. Cela se répercute dans les productions du sujet qui ne laisse guère de place au nouveau, au possible, au pensable et à l'inattendu.

- **Avec la personnalité évitante**

Elle a peur d'être jugée défavorablement par les autres et éprouve un ressenti de gêne en situation sociale, de peur et de timidité. Elle est réticente pour se lier aux autres. Cette situation se retrouvera au sein même de l'entretien qui risque alors d'être restreint et sous-tendu par la crainte d'être jugé.

- **Avec la personnalité passive-agressive**

Il s'agit d'un mode de résistance passive plutôt indirecte à des demandes de fournir des performances adéquates, sociales ou professionnelles. Avec elle, le contact peut être pesant, tendu, peu productif et générer de l'irritation. La compréhension psychodynamique est de penser qu'il s'agit là de l'expression passive d'une agressivité cachée. La personne s'offense, s'entête, résiste, ou oublie ce qui lui a été demandée.

• Avec la personnalité antisociale

La particularité de l'entretien dans le cas de conduites agies de nature psychopathique est la grande distance défensive banalisante associée à l'inauthenticité ressentie par le psychologue en situation d'entretien. Les faits peuvent être relatés *stricto sensu* avec une absence de gêne et de culpabilité, comme peuplant un univers intérieur vide, inaffectif et rudimentaire. Il s'agit dans le cas de la personnalité antisociale d'un trouble du comportement de nature antisocial qui débute dans l'enfance ou au début de l'adolescence avec des symptômes comme des mensonges, des vols, l'école buissonnière, le vandalisme, des bagarres et des fugues.

2. Influence de l'évolution historique de la psychopathologie et des modèles

Le clinicien utilise l'entretien dans le but d'établir un état précis du fonctionnement d'un individu mais aussi d'en tracer les données structurales et dynamiques majeures. Il est sensible à ce qui peut être mobilisé en relation avec un autre. Ces particularités psychodynamiques vont venir colorer cette rencontre de façon bien singulière, et c'est à partir d'elles qu'il en infère des formes reconnues dans un système classificatoire donné, système lui permettant de communiquer avec ses collègues.

• Évolution historique de la psychopathologie

Il est prudent de remarquer que la psychopathologie évolue à travers les âges (par exemple, les grandes conversions hystériques sont devenues extrêmement rares) :

– en fonction des recherches et des chercheurs eux-mêmes, c'est-à-dire des individus qui l'observent, la discutent, la modélisent, la théorisent, etc. (par exemple, l'utilisation d'un système compréhensif et explicatif n'implique pas le même positionnement que celle d'un système descriptif) ;

– en fonction des pratiques de soin (prise en charge précoce, association de traitements, etc.) ;

– en fonction des évolutions socioculturelles (le noyau relationnel du système familial européen s'est modifié dans la mesure où le statut et la fonction de la parentalité évoluent eux aussi, etc.).

- **Évolution de la compréhension de la psychopathologie**

Description ou interprétation ?

Les formes psychopathologiques et les entités cliniquement observables sont en mutation ainsi que leur compréhension. Par exemple, en France, le modèle psychodynamique de Jean Bergeret permet d'envisager une approche compréhensive du fait psychique individuel comme étant lié au développement individuel et aux modalités interactives inconscientes avec le fonctionnement familial, alors que l'approche *DSM IV*, qui se veut « athéorique », est strictement descriptive. Dans ce dernier cas, la rigueur de la description l'emporte sur l'interprétation. Il est préféré une bonne description donnant accès à des éléments objectifs du cas pour ensuite les discuter au plan clinique plutôt que de s'abandonner à l'interprétation, certes riche et souvent féconde pour la pensée, mais source possible d'erreurs, de globalisations parfois outrancières, de flous et d'implicites. *A contrario*, l'absence de génération d'hypothèses dessèche la pensée et « ratatine » la créativité.

Pourtant, il est bien rare – ce serait même inquiétant – qu'un clinicien n'ait pas explicitement ou implicitement adhéré à un modèle théorique qui lui fait « sens » et qui se trouve en accord avec sa façon de penser le monde et ses relations aux autres ainsi qu'en adéquation avec sa sensibilité. Interpréter un phénomène, c'est lui donner un sens. Pour ce faire, l'examinateur cherche à être le plus objectif possible ; il peut y parvenir assez largement mais il ne peut pas éliminer totalement ce qui vient de lui-même, à savoir sa manière d'être au monde, de penser, de sentir, voire ses projections.

Le risque d'erreurs est nécessairement grand. Pour les éviter, il paraîtrait logique de se méfier de toute interprétation et de s'efforcer de faire, avant tout, une description aussi objective que possible. Certaines conceptions conduisent à pousser à l'extrême ce souci méthodologique. Mais se limiter, très rigoureusement, à une pure description, ne va pas sans inconvénient : on n'aboutit ainsi qu'à une connaissance assez pauvre du sujet qu'on examine.

Il n'est donc pas souhaitable de se refuser à toute interprétation, mais il convient de distinguer divers degrés d'interprétation. En ce sens, il est possible de schématiser cette situation ainsi : autant il faut être prudent pour interpréter l'inconscient, autant il est naturel d'interpréter le préconscient-conscient. Par exemple, si une femme est en conflit avec son supérieur hiérarchique, il peut être particulièrement risqué de lui interpréter qu'elle a des problèmes œdipiens. Mais si le sujet examiné dit qu'il est resté indifférent à telle frustration, il peut être justifié d'interpréter le ton de son discours comme le signe qu'il a été plus déçu qu'il veut bien se l'avouer. L'incohérence entre le *contenu du discours* (communication digitale des systémiciens) et le *message infraverbal* (communication analogique, ici la tonalité) permet de communiquer une telle remarque au sujet. Mais, évidemment, cela montre la grande difficulté de l'entretien où expérience, sens de l'opportunité et du contact vont venir tamponner, moduler et rendre acceptable la verbalisation au sujet des liens de sens élaborés par le clinicien en présence de l'autre. Une telle expérience de la clinique montre bien que, sans interpréter, nous restons superficiels, alors qu'en interprétant, nous prenons le risque de nous tromper. Cela nous amène à reconnaître que, pour conduire de tels entretiens, il ne faut pas se fier à sa seule spontanéité mais il faut aussi acquérir une formation.

Deux niveaux complémentaires

Nous pensons que les deux niveaux (descriptif et compréhensif) sont complémentaires et nécessitent une intégration souple au sein de l'entretien. Le niveau compréhensif suppose un abord métapsychologique du fait psychique et, dans ce cas, la conduite psychique est la résultante de mécanismes internes liés à l'histoire infantile et au conflit intrapsychique. Mais la métapsychologie, pour être acceptable, doit avoir une cohérence interne, une solidité empirique, et être en accord avec la clinique. Nous nous contenterons de donner ici quelques exemples où les deux niveaux s'articulent :

– la dépression, la culpabilité ou l'autodévalorisation qu'éprouve le sujet tendent à entraîner au cours de l'examen des attitudes effacées, d'infériorité ou d'excuses excessives, avec une tendance à écourter l'entretien pour ne pas abuser de cette sollicitude à laquelle il pense ne pas avoir droit ;

– dans les psychoses, le sujet peut inclure l'examinateur dans son délire en le considérant comme un persécuteur : au plan relationnel, il se méfiera de lui et manifestera beaucoup de réticence ;

– au contraire, dans le cas des troubles de l'humeur avec excitation maniaque, le sujet s'adressera au clinicien avec une grande familiarité, parfois avec ironie : il fera des commentaires sur son physique, son nom, ses vêtements, ses attitudes, commentaires qui créent une relation parfois amusante et parfois gênante.

Ainsi importe-t-il d'indiquer que les symptômes que le patient présente lui appartiennent même s'ils s'expriment dans le dehors perceptif, c'est-à-dire à l'extérieur de lui, mais qu'ils sont, néanmoins, « à l'intérieur de la relation » et qu'ils viennent alors la modifier considérablement. Ici, une part de leur destin peut être liée à la nature de la relation qui, rappelons-le, n'est liée ni au patient, ni au psychologue, mais à ce qui se crée et émerge « au contact » de leur rencontre intersubjective.

De plus, il importe de considérer que la conduite externe elle-même reflète une conduite interne dont le sens, à l'origine du symptôme, ne peut qu'être inféré par le clinicien et ce, à partir de son propre travail mental. L'inférence, toujours nécessaire, est l'œuvre et la création propre du clinicien. La reconnaissance de ses modalités interpersonnelles, intersubjectives et intrasubjectives est donc la condition indispensable au travail clinique de l'entretien.

II. PSYCHOPATHOLOGIE, MÉTAPSYCHOLOGIE ET RELATION INTERSUBJECTIVE

1. Au moment de la rencontre

L'intersubjectivité, à la base de la vie psychique, est le moteur de la rencontre avec l'autre. Rappelons que le psychologue est son propre instrument. Il observe, écoute et fait travailler sa psyché. Il met sa personne et son expérience subjective au service de l'autre. L'entretien clinique est son activité centrale, et il peut se situer dans le cadre d'une relation de soins, d'aide ou de conseil. Son intérêt porté à l'individu ne situe pas cette rencontre dans une relation symétrique puisque l'un est en demande et ne vient qu'à cause de la fonction que l'autre occupe, fonction qui suppose une formation lui permettant de prendre une certaine position dans le dialogue.

Le psychologue doit tenir compte des implications relationnelles liées à sa présence, si bien que la rencontre ne devient une expérience « éventuellement » mutative que si elle est inscrite dans une relation qui propose un autre mode d'entrée en contact avec l'univers privé du sujet et une version différente des événements vécus de manière douloureuse.

Dans son intentionnalité, la rencontre vise des changements (même modestes) dans le mode d'expérience de la personne. Elle favorise amplement l'expression des sentiments et l'effacement des cadres rationnels. Elle vise aussi :

– à diminuer la rigidité des mécanismes psychologiques ;

– à augmenter la différenciation des perceptions, à annuler les écarts entre le Moi et ses idéaux ;

– à limiter la dépendance du sujet ;

– à développer sa capacité de réaliser des actes qui l'engagent et à prendre des risques.

Le clinicien n'est pas neutre dans ce contact. La relation qu'un sujet établit avec un autre est fonction en partie de ce qu'est la situation réelle et en partie de ce qu'il apporte de lui-même en répétant là des modes de relation antérieurs.

On appelle *transfert* une telle transposition dans une relation donnée de modalités relationnelles purement imaginaires, qui dépendent d'expériences anciennes surtout infantiles. Si ce terme est généralement réservé à la désignation de la relation du patient avec son analyste au cours de la cure psychanalytique, son extension pour désigner ce qui se passe dans une relation de demande indique que tel sujet « vivra » le clinicien comme un personnage protecteur et tout-puissant alors que tel autre le « vivra » comme un personnage qui sait et avec qui il est en rivalité. Il sera attiré ou rebuté. Le psychologue, de son côté, réagit aussi en fonction de ce qu'il est et de ses expériences antérieures (*contre-transfert*).

Le transfert et le contre-transfert existent d'emblée dans la rencontre ; plus précisément, c'est ce qui naît « au contact » de la relation. Cette relation évolue comme la demande et, en ce sens, la situation transférentielle introduit une dynamique. Elle est source d'émotions et de représentations entraînant des attitudes qui, elles-mêmes, déclenchent chez l'autre d'autres représentations et d'autres affects. L'entretien comporte ainsi, même s'il se passe dans une relative neutralité, des échanges affectifs multiples et réciproques qui induisent des manifestations significatives de la personnalité. D'où l'intérêt d'en tenir compte pour comprendre l'économie psychique du sujet examiné.

2. Dans l'entretien clinique courant

Du côté de l'entretien clinique courant, qui est à différencier de l'observation psychanalytique, le travail mental du clinicien ne peut être réduit à une approche empathique et syncrétique du « vécu » du patient. Certes, il cherche à comprendre en se centrant sur le patient, il favorise les sentiments que celui-ci tente d'exprimer et lui communique ce qu'il en a compris. On désigne classiquement cette *approche compréhensive* comme empathique (*verstehen* ou « comprendre » de K. Jaspers) alors que l'*approche explicative* (*erklären* de K. Jaspers) cherche un lien de cause à effet. Il s'agit là de deux façons différentes de se situer par rapport au sujet.

- **Apports de l'observation psychanalytique**

Freud (cité *in* D. Widlöcher, 1989), en individualisant le groupe des psychonévroses, a permis une véritable approche psychodynamique de la situation d'entretien clinique. En effet, la découverte d'un inconscient « refoulé » et dynamique à la base du trouble hystérique amène la reconnaissance d'un trouble de nature psychologique. C'est la découverte du rapport entre la prise de conscience de la représentation refoulée et la levée du symptôme qui favorise le développement d'une théorie générale des névroses. C'est ainsi que naît l'opposition devenue classique entre les *psychonévroses de défense*, qui correspondent à des organisations psychiques productives de transfert, et ce que Freud nomme « névroses narcissiques » et qui correspondent aux *psychoses* où le transfert est empêché par fixation libidinale sur le Moi. On voit comment ce modèle permet de décrire un fonctionnement mental propre à chaque trouble.

Plus tard, à propos des troubles narcissiques graves de la personnalité, Kohut décrira des traits repérables et observables au cours d'une cure psychanalytique tels que la spécificité du transfert narcissique et les particularités des processus de pensée qui se différencient des états névrotiques et psychotiques. L'intérêt évident de ce travail novateur est l'intégration, à côté de ses aspects cliniques descriptifs, d'une approche compréhensive et explicative, à savoir les carences affectives précoces quantitatives et/ou qualitatives. Au total, l'observation psychanalytique diffère d'une observation proprement psychologique ou psychiatrique dans la mesure où elle repose sur « des manifestations transférentielles et de pensée régressives liées à la situation spécifique de soin » (D. Widlöcher, 1989).

- **Psychodynamique de l'entretien clinique**

Néanmoins, en entretien clinique, le travail psychodynamique fondé sur le *modèle intrapsychique* utilise une sémiologie descriptive du fonctionnement mental et propose de distinguer contenu manifeste et contenu latent, processus secondaire et processus primaire de pensées, régression, transfert, thématique fantasmatique, nature de l'angoisse, mécanisme de défense.

Une telle approche situe les activités mentales dans une perspective dynamique, topique et économique. Elle oriente son travail sur la dimension symbolique des conduites symptomatiques dans le but de faciliter la fluidité associative et d'opérer des transformations dans le fonctionnement mental du patient.

Le clinicien procède généralement par essais et erreurs en élaborant une hypothèse qu'il cherche à justifier en mettant en évidence des opérations mentales qui s'organisent entre elles et qui reflètent un type de fonctionnement mental. Il va, par exemple, articuler l'opération défensive avec l'activation fantasmatique ou le conflit intrapsychique avec le transfert.

Par ailleurs, quel que soit le but de l'entretien, sa nature psychodynamique se décrit fondamentalement par la mise en relation entre un modèle intrapsychique et un modèle intersubjectif de l'activité mentale :

> [Le modèle intrapsychique] vise à décrire cette activité indépendamment de toute expression comportementale et langagière alors que le modèle intersubjectif vise à la décrire en tant qu'elle s'exprime dans le processus de communication avec l'interlocuteur.
>
> D. Widlöcher, 1998.

L'entretien a pour but de développer chez le clinicien une certaine connaissance de la vie mentale du patient, que celle-ci ait trait aux relations interpersonnelles ou à la réalité psychique, et l'accès à cette connaissance s'effectue par le recueil d'un ensemble complexe de représentations et d'affects qui occupent l'esprit du clinicien au cours de l'entretien. D. Widlöcher parle de « co-pensée », appelée aussi *interaction psychique* ; c'est dire que ce qui occupe la pensée du patient occupe également celle du clinicien, engendrant inférences et associations. Le monde psychique du clinicien est modifié par ce processus de communication, c'est-à-dire par ce que le patient lui communique consciemment ou non.

L'entretien clinique repose sur le modèle de l'intrapsychique mais, quand il s'agit de procéder à un entretien en vue de contribuer au diagnostic, de poser l'indication d'un traitement ou d'évaluer l'évolution de ce dernier, il est difficile de ne pas tenir compte de la structure psychique du sujet.

Chapitre 8

Anamnèse : intérêts, buts et modalités

L'anamnèse ou *retour sur le passé* est un moment clé de la démarche clinique, qu'elle soit d'investigation à proprement parler ou de compréhension du fonctionnement psychique en vue d'une mobilisation à visée thérapeutique. L'anamnèse est issue de la démarche médicale traditionnelle à visée strictement diagnostique où la recherche événementielle des antécédents familiaux et personnels participe de la recherche des causes des maladies. Mais retrouver, par exemple, l'existence d'antécédents diabétiques dans la famille ou un terrain allergique précoce dans l'enfance de l'individu n'implique pas la même complexité que lorsqu'il s'agit de comprendre en quoi l'histoire relationnelle individuelle marque, voire détermine la souffrance psychique actuelle.

I. INTÉRÊTS ET OBJECTIFS

En psychopathologie, l'anamnèse a pris un sens profondément *dynamique* au contraire de fixiste, causaliste et centré sur le réel objectif, c'est-à-dire strictement événementiel, et ce grâce aux apports majeurs du modèle psychanalytique. Ce dernier a montré de façon décisive que l'anamnèse ne consistait pas à rechercher de manière exhaustive des événements et des souvenirs censés être cruciaux dans la compréhension de la psychopathologie d'un individu. S'il en était ainsi, le parti pris serait de considérer que l'externe (les événements) peut expliquer l'interne (le fonctionnement psychique). Cette façon de voir aurait alors comme point de départ des *a priori* et des « croyances » non seulement désuètes, mais surtout excluant l'importance du sens que l'individu attribue aux souvenirs agréables et désagréables peuplant son univers intérieur. Le risque majeur serait de méconnaître la particularité de l'histoire proprement subjective, la place des conflits et des fantasmes inconscients, éléments contribuant majoritairement à la mise en sens des événements.

Ainsi, la démarche psychopathologique récolte, collecte des éléments cliniques qu'elle range et classe et qu'elle fait travailler, mais qu'elle n'agglutine jamais. De manière plus générale, que ce que le sujet rapporte ne soit pas objectif et que sa subjectivité introduise des déformations n'ont rien de gênant dans la mesure où celles-ci révèlent son mode d'organisation psychique. Il y a lieu de resituer les matériaux rapportés dans le cadre des reprises et remaniements subjectifs imposés par le processus de l'*après-coup*.

- **Visée de reconstruction**

La reconstitution, à partir des repères objectifs et subjectifs du passé *vécu*, est fonction d'élaborations secondaires, de *retraductions*, de *reconstructions* opérées par le patient. Ce passé ne se reconstruit ou ne se construit qu'à la seule condition que le clinicien prenne en compte la *névrose infantile* « réactualisée » par les mouvements transférentiels exprimés dans le cadre de cette rencontre intersubjective. La névrose infantile est liée au développement et, en ce sens, elle est à considérer comme une *névrose de développement* préstructurant l'histoire à venir : il s'agit là d'un modèle explicatif. La sexualité infantile se réorganise à partir « des positions phalliques » et de « l'investissement du pénis ». Pour S. Lebovici (1983), la *névrose de transfert* est la répétition et la reconstruction de la névrose infantile dans la cure. Ce travail « de type psychanalytique » centré sur l'histoire suppose une disponibilité à la fois concrète et émotionnelle du clinicien, d'autant plus si la situation actuelle de la demande est suscitée par une inquiétude ou une souffrance.

- **Visée de compréhension**

Il s'agit là d'un modèle théorique de compréhension des faits psychiques applicable à la situation d'entretien clinique, même si le clinicien n'est pas psychanalyste. Dans sa neutralité bienveillante, il est attentif à ses mouvements de pensée, à ses ressentis en présence de l'autre, bref à son implication et à ses contre-attitudes. Nous n'appliquerons le terme *contre-transfert* qu'à la situation de cure psychanalytique, et préférerons le terme *contre-attitude* à la situation d'entretien clinique. Le clinicien est alors dans une position où il pense que ce qu'il percevra et entendra du discours va venir favoriser son travail de mise en relation des divers éléments cliniques, de compréhension, de reconstruction et d'hypothèse sur le fonctionnement psychique. Au sein du discours, il sera sensible :

– aux contradictions ;

– aux oublis ;

– à l'absence de liaisons pertinentes ou évidentes en fonction de l'histoire relatée ;

– aux répétitions, aux surdéterminations psychologiques ;

– aux « plus de signifiance » ;

– au style défensif prégnant (dénégations, projections, etc.) ;

– aux souvenirs-écrans, aux lacunes, etc.

C'est ainsi que le travail mental du clinicien psychodynamicien génère l'*hypothèse reconstructive*, hypothèse à remettre constamment en question.

L'anamnèse serait donc cet « espace-temps » de mise en sens nécessaire au clinicien pour se forger des représentations au sujet de son patient et, pour cela, il va obligatoirement recourir à des modèles explicatifs ou interprétatifs.

- **Visée thérapeuthique**

Enfin, si l'investigation anamnestique est un moyen de diagnostic et de pronostic, elle est aussi une façon de mieux saisir le fonctionnement intrapsychique au sein de l'histoire de vie et des impasses actuelles du patient ; elle devient fréquemment une intervention thérapeutique. Chez le nourrisson et l'enfant, les consultations thérapeutiques sont fréquentes (D. Winnicott et S. Lebovici).

Chez l'enfant, les parents contribuent à la récolte des données d'anamnèse, et il importe de différencier clairement le sens qu'ils donnent aux symptômes de l'enfant et celui que les connaissances et l'expérience de la psychopathologie permettront de construire. Une observation courante est d'entendre les parents dire, par exemple, que l'enfant n'a pas de cauchemars ou de phobies alors que seul, l'enfant nous en révèle. En ce sens, l'enfant doit toujours être vu seul à un moment ou à un autre de la consultation.

Chez l'adulte, le canevas utilisé en psychopathologie de l'enfant reste néanmoins pertinent.

II. CE QUE L'ON RECHERCHE

Les éléments objectifs portant sur les conditions de vie de la famille (socio-économiques, de logement, etc.), l'histoire de la famille, les parents et les grands-parents, les particularités des liens de parenté et les données biographiques actuelles peuvent donner lieu à une investigation parallèle aux premiers entretiens diagnostiques. Chez l'enfant, l'âge, le contexte relationnel et le mode d'organisation antérieur des conflits donnent déjà beaucoup d'informations et permettent d'établir des hypothèses.

Mais précisons tout de suite que l'histoire des troubles se confond souvent avec celle des antécédents et de l'histoire personnelle. Si la recherche des événements importants (tels que les séparations et les deuils, les placements éventuels, la vie amoureuse, sexuelle et familiale, les relations amicales) permet de situer le contexte psychologique, la manière dont ils sont rapportés importe autant. L'amnésie des premières années de la vie fait que ce qu'un sujet en dit ne relève pas de vrais souvenirs mais des souvenirs de ce qu'on lui en a dit plus tard. Il y a donc là tout un mélange de renseignements objectifs, d'interprétations et de mythes qui peut être entretenu par l'entourage familial. Souvent, des souvenirs peu évoqués parce que perçus comme mineurs et peu significatifs sont en réalité chargés d'affects. Ce se sont des *souvenirs-écrans*, ainsi appelés parce qu'ils cachent d'autres souvenirs oubliés. Mais ce sont des souvenirs partiels que le sujet évoque avec émotion, qui ont toujours une valeur symbolique et qui sont révélateurs d'expériences infantiles majeures.

L'anamnèse consiste aussi à rechercher :

– les antécédents familiaux tels que d'autres maladies dans la famille, des traitements, des troubles du comportement ;

– l'histoire familiale avec les événements significatifs (ce qui a été vécu entre les membres de la famille, et entre eux et le monde extérieur), les valeurs morales, les mythes, les drames ;

– la symptomatologie actuelle et passée et la ou les éventuelles consultations antérieures ;

– l'« arbre de vie » (S. Lebovici) indique les noms, âges et activités de tous les membres de la famille ainsi que les dates des mariages, des naissances, des séparations, des décès, des maladies, des changements professionnels et résidentiels. Le clinicien recherche des phénomènes comme les ressemblances évoquées, la satisfaction ou la déception devant le sexe de l'enfant, le choix des prénoms, etc.

Chez l'enfant, l'investigation du développement dans la première enfance (somatique, psychomoteur, langagier, cognitif) est essentielle. Puis elle concerne le développement des relations avec l'entourage avec l'alimentation, le sommeil, l'autonomie, les conflits avec les parents, la tolérance à l'absence de la mère, les rites d'endormissement, la maîtrise sphinctérienne, la curiosité sexuelle, les conduites masturbatoires, les relations avec la maîtresse, les relations avec les pairs.

Chapitre 9

Formation à l'entretien clinique

I. FORMATION THÉORIQUE ET PRATIQUE À L'ENTRETIEN CLINIQUE

L'entretien clinique ne relève pas d'un simple échange de paroles, on a vu qu'il était lié à une pratique clinique qui sous-tend une formation solide sur les plans théorique et pratique. À un niveau théorique et dans un cadre universitaire, on peut sensibiliser les étudiants aux différentes dimensions théoriques et techniques ; en effet, la pratique de l'entretien s'appuie sur des références multiples qui demandent à être bien connues pour en appréhender les différentes dimensions.

Toutefois, l'étudiant ne peut prendre conscience de la complexité de l'entretien que quand il est engagé et impliqué dans la pratique. La complexité de l'entretien est liée pour une grande part aux aspects subjectifs qui se déploient dans la relation entre les deux interlocuteurs. Ainsi, pour G. Poussin, la situation d'entretien constitue-t-elle un paradoxe pour le clinicien ; elle est à la fois source de fragilité et d'efficacité :

> Fragilité parce qu'il accepte le risque de la relation à l'autre et ce qu'elle implique comme danger : danger d'être atteint par la problématique de l'autre qui est trop proche ou trop loin de soi, danger d'être pénétré par les contenus de pensée agressifs, danger d'être happé par une demande d'amour insatisfaite, etc. Mais efficacité, car il n'existe pas de méthode de compréhension de l'autre qui ne passe par le filtre de sa propre subjectivité. C'est parce que le psychologue est un être humain qu'il peut comprendre et analyser ce que ressent son semblable.

La Pratique de l'entretien clinique, *op. cit.*, 1992.

Toute la difficulté et la force de l'entretien clinique résident justement dans cette aptitude du clinicien à comprendre, à analyser et à s'identifier de manière empathique à l'autre tout en gardant une bonne distance ; n'être ni trop près ni trop loin, et maîtriser de manière juste ses interventions. Cette bonne maîtrise ne peut s'acquérir qu'à partir d'un engagement personnel dans la conduite d'un entretien ; cela nous conduit à dire tout simplement que les aspects pratiques de la formation à l'entretien sont tout à fait primordiaux et essentiels. Gérard Pithon démontre effectivement dans une étude qu'une formation à l'entretien purement théorique ou avec un entraînement pratique inadapté n'est guère plus efficace qu'une absence totale de formation et qu'au contraire :

> [...] un contrat de formation adapté dont les moyens (dispositifs d'entraînements systématiques) sont conformes aux objectifs de maîtrise de savoir spécifiques peut augmenter de façon appréciable les attitudes empathiques et réduire considérablement les attitudes directives dans le cadre d'une formation à l'entretien.
>
> « Évaluer diverses formations à l'entretien de reformulation », *Psychologie française*, n° 35-3, pp. 237-251, 1990.

En effet, les différentes formations pratiques visent à développer trois aptitudes essentielles chez le clinicien déjà soulignées par D. Winnicott (1969) : la capacité de s'identifier de manière empathique au patient, la capacité de garder une bonne distance par rapport au problème du patient et celle de maîtriser ses différentes interventions de manière à ce qu'elles soient les plus justes possible.

II. LES DIFFÉRENTES MÉTHODES DE FORMATION

1. Discussion de cas en petits groupes

- **Principe**

Dans cette méthode, on demande à l'étudiant d'exposer une étude de cas clinique issue de sa pratique de stage. Il peut ainsi présenter l'histoire du sujet, l'histoire et le contexte d'apparition des troubles, les relations à l'entourage, les éléments de personnalité ainsi que les différents éléments de l'observation clinique ayant conduit à l'évaluation psychologique. Cela donne d'abord un aperçu clinique qui permet de mieux comprendre la problématique du sujet. Ensuite, l'étudiant peut relater et décrire le déroulement d'un entretien en proposant une analyse clinique et thématique (*cf.* chapitre 4).

Mais le plus important dans ce type de formation, c'est que l'étudiant s'implique et ne se contente pas de décrire l'entretien de manière objectivante et extérieure. Il peut exposer ses différentes interventions auprès du patient, expliciter leur contenu, leur forme, les hypothèses implicites ayant conduit à faire telle ou telle formulation, ce qu'il a pensé du sujet, etc.

C'est à partir de là que s'engage une discussion avec le groupe d'étudiants qui ne doit pas être supérieur en nombre à 10 ou 15 personnes. Le nombre est important car il permet de créer une dynamique de groupe, un climat de confiance entre les différents membres ainsi qu'une possibilité pour chacun de s'exprimer. La discussion en groupe permet de sortir des niveaux implicites de pensée et de clarifier ses positions ; par exemple, il arrive que l'étudiant s'aperçoive que son point de vue par rapport à un patient repose surtout sur un *a priori* personnel et non sur un élément d'observation. La confrontation avec le groupe permet donc de nuancer ses différents points de vue.

L'animateur du groupe joue un rôle central en faisant circuler la parole et il doit lui-même adopter une attitude empathique et non autoritaire pour permettre une libre expression dans le groupe. Il est important de souligner qu'à un niveau universitaire, on traite de l'implication à un niveau professionnel et non pas à un niveau personnel ; il existe d'autres lieux pour travailler autour de la problématique personnelle, en particulier des lieux qui garantissent le secret de la vie privée. Ce travail personnel (cure analytique ou psychothérapie) peut être très utile, sinon essentiel, pour ceux qui se destinent à devenir psychothérapeutes.

- **Historique**

C. Rogers avait déjà préconisé la discussion de cas en petits groupes quand il introduisit à l'Université les travaux pratiques de psychothérapie et de conseil psychologique, en 1940. Dans le cadre de réunions en petits groupes, chaque étudiant devait apporter son point de vue sur un problème particulier. L'idée de C. Rogers était que les connaissances dans ce domaine peuvent être plus facilement acquises quand elles sont liées à des situations qui sont perçues comme des problèmes.

Elle fut aussi introduite par M. Balint (1957), dans le monde médical, après la Seconde Guerre mondiale, à Londres. Il s'agissait de réunions en petits groupes (10 à 12 personnes) animées par un psychanalyste ; elles consistaient en analyses de cas rencontrés dans le cadre de la pratique professionnelle et qui posaient problème aux médecins. Le travail d'analyse ne se faisait pas sur les connaissances ou sur le vécu personnel mais sur l'aspect relationnel, avec l'idée que la nature de la relation peut influencer la thérapeutique. Selon M. Balint (*op. cit.*), le médecin et le médicament sont liés ; le médecin est en quelque sorte une « drogue » et la manière dont il donne le médicament, sa gentillesse et les paroles qui accompagnent l'ordonnance peuvent tout changer. En ce sens, la formation psychologique du médecin permet d'apporter une aide au bon déroulement de la relation soignant-soigné. Les groupes Balint se sont diffusés dans la plupart des pays et dans diverses formations adressées aux médecins mais aussi aux soignants et aux travailleurs sociaux.

• **Utilisation**

La discussion de cas en petit groupe constitue une méthode généralement utilisée dans le domaine de la clinique, toutefois la manière dont sont abordés les problèmes diffère selon les options théoriques de l'animateur (psychanalytique, systémique ou autre). Il nous semble important d'insister à nouveau sur le fait que ces formations doivent davantage s'appuyer sur des *résolutions de problèmes concrets, réels et techniques* qui intéressent davantage le niveau professionnel que sur les questions d'implication personnelle. Renvoyer toujours à une problématique personnelle et contre-transférentielle et aux difficultés que rencontre le clinicien sur le terrain peut constituer un énorme biais et aboutir à l'extrême à une sorte de cercle vicieux où le clinicien ne cesse de s'auto-analyser alors que les problèmes lui sont extérieurs.

2. Jeu de rôle

- **Principe**

Cette technique utilise la mise en scène ludique à la manière du théâtre. Le jeu de rôle se pratique également en petits groupes, de 10 à 15 personnes. Le ou les étudiants imaginent une situation d'entretien, de préférence issue de la pratique de stage comme dans l'étude de cas, puis ils choisissent et se répartissent les rôles. La scène peut être jouée à 2 ou 3 personnes volontaires, plus s'il s'agit d'une famille. Ensuite la scène est disposée au centre de la pièce ou au coin et le jeu peut durer dix à quinze minutes. L'inversion des rôles est un élément technique très souvent utilisé, c'est-à-dire que le psychologue devient le patient et inversement. Comme l'étude de cas, la scène donne lieu à une discussion en groupe sur la manière dont a été mené l'entretien.

- **Historique**

À l'origine, le psychodrame fut créé par Jacob Moreno (1892-1974), qui pensait que la mobilisation est plus importante quand le sujet joue et ne demeure pas passif dans ce qu'il a à vivre. Le jeu de rôle repose selon lui sur trois éléments :

– la *notion de rôle* en ce sens que le rôle est concomitant du développement de la personnalité ; c'est parce que l'enfant adopte des rôles successifs avec cette capacité à se projeter dans l'autre qu'il se construit sa personnalité. Ainsi l'inversion des rôles occupe-t-elle une place centrale dans le psychodrame proposé par J. Moreno et elle est aussi importante pour le niveau thérapeutique que pour le niveau de la formation ; elle permet au sujet de sortir de son propre rôle et de se mettre à la place de l'autre, ce qui développe la capacité d'entrer en relation avec l'autre et de le comprendre ;

– le deuxième élément du psychodrame morénien est la *valeur cathartique* du psychodrame ; en effet, il permet l'expression des émotions et des conflits. C'est ainsi que, dans les stages de formation, le rire, par exemple, permet de dédramatiser certaines situations ;

– enfin, le dernier élément est la *spontanéité ;* c'est le jeu spontané et non conventionnel qui permet la délivrance émotionnelle.

Le psychodrame a aussi été théorisé par le modèle psychanalytique.

• **Utilisation**

Le jeu de rôle est particulièrement intéressant car il permet une implication active sous forme d'un jeu ludique où peuvent s'exprimer différentes émotions. Il révèle ainsi des attitudes, des contre-attitudes, des préjugés. Cela permet ensuite de les modifier, de les atténuer. Le jeu de rôle sensibilise les étudiants à une meilleure perception de leurs attitudes et de celles des autres. En particulier, le changement de rôle permet une meilleure identification à autrui : en prenant le rôle de l'autre, le clinicien est mieux à même de percevoir ce que ressent le sujet. Cela favorise l'empathie, la compréhension et l'écoute. Le jeu de rôle permet aussi à l'étudiant de s'exercer activement à maîtriser justement ses interventions et à garder la bonne distance.

C'est une technique simplifiée du psychodrame qui, lui, a davantage une visée thérapeutique. Le jeu de rôle est plutôt utilisé dans le cadre de la formation dans un certain nombre de milieux professionnels où les rapports interpersonnels peuvent être sources de blocage, et en particulier dans tout le champ des rapports professionnels (entreprises, stages de formation pour les travailleurs sociaux, etc.).

3. Analyse d'entretiens enregistrés ou filmés

L'entretien enregistré ou filmé permet une analyse plus fine des aspects verbaux mais aussi non verbaux (*cf.* chapitre 4). Celle-ci peut porter :

– sur les interventions du clinicien (les reformulations, les relances, les questions) ;

– sur la dynamique de l'entretien (les silences, l'interaction, l'évolution des modalités du discours) ;

– sur le contenu formel et thématique du discours (A. Ledoux, 1983).

L'entretien enregistré ou filmé permet de pratiquer des découpages, des arrêts, et une analyse très précise des différentes séquences. L'utilisation des entretiens enregistrés ou filmés à des fins pédagogiques implique la libre acceptation du patient, son consentement et l'assurance du secret professionnel.

Pour conclure, on peut dire que la formation pratique à l'entretien sensibilise l'étudiant aux différentes dimensions de l'entretien et en particulier à la complexité liée aux aspects intersubjectifs. Elle ouvre des pistes de réflexion qui pourront aider le futur clinicien sur le terrain et font prendre conscience à l'étudiant de l'écart qui peut exister entre les connaissances théoriques et la rencontre avec des problèmes concrets qui engagent des aspects très humains. La formation en groupe est très importante car elle permet de mettre un vécu en commun, d'associer, de discuter, d'échanger, de comparer ; autant d'éléments qui forgent l'identité professionnelle. L'animateur joue une place centrale dans ce type de groupe au niveau de sa qualité d'écoute.

Conclusion

L'entretien est une technique permettant l'accès aux représentations les plus personnelles des sujets : histoire, conflits, représentations, croyances, rêves, fantasmes, événements vécus, etc. C'est un outil irremplaçable dans le domaine des sciences humaines et encore davantage dans le domaine de la clinique où il s'agit d'essayer de comprendre l'origine de différentes psychopathologies. En effet, seul le patient peut nous dire « où » et « comment » il souffre ; il faut donc l'écouter.

Au-delà des différents aspects techniques de l'entretien, nous avons insisté sur ses dimensions relationnelles, subjectives et intersubjectives ; en effet, ce qui se joue dans un entretien ne se résume pas à ce qui est dit où à ce qui est montré, mais il révèle aussi une activité de pensée complexe de la part du patient et du clinicien. Il importe sans doute de se pencher sur l'activité mentale du clinicien, processus non observable et subjectif, activité qui oriente de manière particulière la compréhension de l'entretien.

Plusieurs modèles théoriques ont tenté de rendre compte de ce qui se joue dans l'entretien, nous avons tenu à les présenter de manière complémentaire afin de donner à l'étudiant, futur professionnel, la possibilité de resituer ces diverses approches sur le terrain clinique.

Bibliographie

AULAGNIER P. (1986). *Un interprète en quête de sens*, PBP.

ALEXANDER F. et FRENCH Th. (1959). *Psychothérapie analytique*, Paris, PUF.

ANDOLFI M. et coll. (1985). *La Forteresse familiale*, Paris, Dunod.

BALINT M. (1957). *Le Médecin, son malade et la maladie*, Paris, Payot, 1980.

BENOIT J.-C. (1983). *Les Doubles Liens*, Paris, PUF, 2e éd.

BLANCHET A. (1985). *L'Entretien dans les sciences sociales*, Paris, Dunod.

BLANCHET A. (1994). « Pragmatique et psychopathologie », *in* D. WIDLÖCHER (éd.), *Traité de psychopathologie*, Paris, PUF.

BLANCHET A. (1997). *Dire et faire dire : l'entretien*, Paris, Masson/Armand Colin.

BLANCHET A. et GOTMAN A. (1992). *L'Enquête et ses méthodes : l'entretien*, Paris, Nathan.

BLANCHET A., BROMBERG M. et URDAPILLET A.I. (1990). « L'influence non directive », *Psychologie française*, n° 35-3, pp. 217-226.

BOURGUIGNON O. (1995). « Le processus de recherche », *in* O. BOURGUIGNON et M. BYDLOWSKI (dir.), *La Recherche clinique en psychopathologie*, Paris, PUF.

BOURGUIGNON O. ET FAGOT-LARGEAULT A. (1995). « Réflexions critiques et éthiques », *in* O. BOURGUIGNON et M. BYDLOWSKI (dir.), *op. cit.*

BYDLOWSKI M. (1996). « Les interactions visibles et invisibles entre une consultante, une mère et son bébé », *La Psychiatrie de l'enfant*, vol. 39, n° 1, pp. 207-249.

CASTARÈDE M.-F. (1983). « L'entretien clinique à visée de recherche », *in* C. CHILAND (1983).

CHILAND C. (dir.) (1983). *L'Entretien clinique*, Paris, PUF, 3e éd., 1989.

COTTRAUX J. (1984). *Les Thérapies comportementales*, Paris, Masson.

DELAY J. et PICHOT P. (1980). *Psychologie*, Paris, Masson.

FAVEZ-BOUTONNIER J. (1968). « La psychologie clinique : objets, méthodes, problèmes », *Bulletin de psychologie*, n° 21.

FERENCZI S. (1928). « L'élasticité de la technique analytique », *in Œuvres complètes, Psychanalyse IV*, Paris, Payot, 1982.

FERENCZI S. (1929). « Principe de relaxation et néocatharsis », *in Œuvres complètes, op. cit.*, 1982.

FERENCZI S. (1933). « Confusions de langue entre les adultes et l'enfant. Le langage de la tendresse et de la passion », *in Œuvres complètes, op. cit.*, 1982.

FREUD S. (1913). *La Technique psychanalytique*, trad. fr. : A. Berman, Paris, PUF, 1967.

GÉRIN P. et DAZORD A. (1995). « Recherches cliniques "planifiées" sur les psychothérapies », *Méthodologie*, Paris, INSERM/La Documentation française.

GHIGLIONE R. et BLANCHET A. (1991). *Analyse de contenu et contenu d'analyses*, Paris, Dunod.

GILLIÉRON E. (1997). « Psychothérapie brève psychanalytique », *Encyclopédie médico-chirurgicale*, *Psychiatrie*, n° 37-812-L-10, Paris, Elsevier.

GUTTON P. (1970). *Le Jeu chez l'enfant*, Paris, Larousse.

HAYNAL A., GITNACHT Y. et LÉOUSSI M. (1988). « Le déprimé dans son corps », *Revue de médecine psychosomatique*, n° 13, pp. 11-24.

JAKOBI J.-M., BLANCHET A., GROSSIR B. et LE NOUVEL B. (1990). « Quatre formes d'interrogation propositionnelle dans l'entretien de recherche », *Psychologie française*, n° 35-3, pp. 207-215.

LACAN (1966). *Écrits*, Paris, Le Seuil.

LAGACHE D. (1949). *L'Unité de la psychologie*, Paris, PUF, 1990.

LAGACHE D. (1964). « La méthode psychanalytique », *in* L. MICHAUX et coll., *Psychiatrie*, n° 1036-66.

LAPLANCHE J. et PONTALIS J.-B. (1984). *Vocabulaire de psychanalyse*, Paris, PUF.

LEBOVICI S. (1983). *Le Nourrisson, sa mère et le psychanalyste. Les interactions précoces*, Paris, Païdos/Le Centurion.

LEBOVICI S. (1994). « Empathie et *enactment* dans le travail de contre-transfert », *Revue française de psychanalyse*, LVIII, numéro spécial.

LEBOVICI S. et CASTARÈDE M.-F. (1992). *L'Enfance retrouvée, une vie en psychanalyse*, Paris, Flammarion.

LEBOVICI S. et WEIL-HALPERN F. (1989). *Psychopathologie du bébé*, Paris, PUF.

LECOMTE C. et ALAIN M. (1990). « Les facteurs communs dans les entretiens psychothérapiques », *Psychologie française*, n° 35-3, pp. 185-193.

LEDOUX A. (1983). « La communication non verbale dans l'entretien clinique » et « La formation à l'entretien clinique », in C. CHILAND (1983).

MARBEAU-CLEIRENS B. (1983). « Ce qui est mobilisé chez les deux interlocuteurs », in C. CHILAND (1983).

PACHOUD B. (1998). « L'Entretien psychiatrique », *in* C. CYSSAU (dir.), *L'Entretien clinique*, Paris, In Press Éditions.

PEDINIELLI J.-L. (1994). *Introduction à la psychologie clinique*, Paris, Nathan.

REVAULT D'ALLONES C. (1989). *La Démarche clinique en sciences humaines*, Paris, Dunod.

ROGERS C. (1966). *Le Développement de la personne*, Paris, Dunod.

SELVINI-PALAZOLLI M. et coll. (1978). *Paradoxe et contre-paradoxe*, Paris, ESF.

SIFNÉOS P. (1972). *Psychothérapie brève et crise émotionnelle*, Bruxelles, Mardaga, dernière éd., 1977.

WATZLAWICK P. (1972). *Une logique de la communication*, Paris, Le Seuil.

WIDLÖCHER D. (1989). « La clinique et les modèles de personnalité », *Confrontations Psychiatriques*, n° 30, pp. 299-312.

WIDLÖCHER D. (1996). *Les Nouvelles Cartes de la psychanalyse*, Paris, Odile Jacob.

WIDLÖCHER D. (1998). « Les modèles de communication psychanalytique », *in* C. CYSSAU (dir.), *L'Entretien clinique*, Paris, In Press Éditions.

WIDLÖCHER D. (1999). « Affect et empathie », *Revue française de psychanalyse*, n° LXIII.

WIDLÖCHER D. et HARDY-BAYLÉ M.-C. (1990). « L'Entretien psychanalytique », *Psychologie française*, n° 35-3, pp. 175-183.

WINNICOTT D. (1969). « Les formes cliniques du transfert », trad. fr. : H. Sauguet, *De la pédiatrie à la psychanalyse*, Paris, Payot.

Index

044417-(V)-(2,5)-OSB 80°-PPC-MLN
Imprimé en France par I.M.E. - 25110 Baume-les-Dames
Dépôt légal : Février 2005
Dépôt légal de la 1re édition : 4e trimestre 1999
Suite du 1er tirage